朝阳区吴桂英区长参加学校开学典礼

北京市教委郑登文主任协同津巴布韦驻北京大使馆领导参加学校开学典礼

教育部督导团访校督导北京市教育均衡

北京市城乡教育一体化现场会-学校作为典型案例

朝阳教委肖汶主任协同区人大代表团到访学校调研

崔各庄乡党委书记吴选辉到访学校调研

八十中田树林校长参加学校 2018 文化节主题活动

北京市人大代表到访学校调研教育均衡

新加坡德明政府中学符传丰校长到访学校

学校原孙河中学创始人、北京市语文特级教师宁鸿彬老师访校

朝阳区城乡教育一体化学校发展论坛现场会参会领导

于冬云校长与京西国际学校校长一起

八十中学国际部语言班学生到访学校

于冬云校长与来自英国卡迪夫足球俱乐部的教练在一起

八十温榆河分校干部团队

于冬云校长和青年地理教师探讨学科课程建设

于冬云校长带学生到新加坡南洋理工大学游学

于冬云校长看望到八十中游学的温榆学子

于冬云校长与考入清华附中、北大附中1+3项目学生在一起

学校合唱团参加北京电视台春晚录制

在毕业典礼上优秀毕业生与于冬云校长牵手走过红毯

于冬云校长为优秀毕业生金质奖章获得者颁奖

于冬云校长与学生们一起登顶泰山

于冬云校长与学生一起山东游学－登泰山

于冬云校长与准备中考的孩子在一起

学生以"课程超市"的形式自主选择参与选修课活动

历史剧社团成员在校园文化节上汇报课程成果

在语文组学科月活动中举办诗歌朗诵大会

学生在花式篮球课程中学习技巧

化学与劳技学科进行课程整合探索

学生到京西国际学校参与活动并展示研究性学习的成果

— 13 —

在中华非遗系列课程中学生学习绘制传统风筝

机器人社团的学生在社团活动中进行探究

学校吉他社团

英国卡迪夫俱乐部足球教练的专业足球课程

学校女足队在北京市体育传统项目学校女子足球赛上夺得冠军

学校体育文化节绽放的孩子们

CCTV《光荣绽放》新十大女高音歌唱家与学生在音乐课上手拉手、面对面互动

朝阳区城乡教育一体化学校发展论坛学生社团展示

学校连续第7年举办课程文化节活动，展示学生的课程成果

于冬云 著

走向课程领导

—— 一所农村薄弱初中的"课程领导"实践

ZOUXIANG KECHENG LINGDAO
YISUO NONGCUN BORUO CHUZHONG DE KECHENGLINGDAO SHIJIAN

中国书籍出版社
China Book Press

图书在版编目（CIP）数据

走向课程领导：一所农村薄弱初中的"课程领导"实践／于冬云著．—北京：中国书籍出版社，2020.9
ISBN 978-7-5068-7203-4

Ⅰ.①走… Ⅱ.①于… Ⅲ.①课程建设—研究—初中 Ⅳ.①G632.3

中国版本图书馆 CIP 数据核字（2020）第 178407 号

走向课程领导：一所农村薄弱初中的"课程领导"实践

于冬云 著

责任编辑	毕　磊
责任印制	孙马飞　马　芝
封面设计	中联华文
出版发行	中国书籍出版社
地　　址	北京市丰台区三路居路 97 号（邮编：100073）
电　　话	（010）52257143（总编室）　（010）52257140（发行部）
电子邮箱	eo@chinabp.com.cn
经　　销	全国新华书店
印　　刷	三河市华东印刷有限公司
开　　本	710 毫米×1000 毫米　1/16
字　　数	202 千字
印　　张	17
版　　次	2020 年 9 月第 1 版　2020 年 9 月第 1 次印刷
书　　号	ISBN 978-7-5068-7203-4
定　　价	58.00 元

版权所有　翻印必究

序 一

在我眼中，于冬云校长是一位情怀与能力兼具的好校长，也是课程研究与实践的同道中人。"一位好校长造就一所好学校"这句话在基础教育课程改革步入深水区的当前，不仅仅是一个现状判断，更是一种价值解读。伴随着课程改革的持续推进，校长引领学校之路亦在探索之中，自第八次全国基础教育课程改革启动之始，国家、地方、学校三级课程管理制度正式形成，学校课程自主权的放宽以及课程作为育人核心载体的概念明确，使得每一位校长都被赋予了一个全新使命——通过课程改革，撬动和引领学校实现更好的发展。然而，新使命造就了新挑战，尤其当学校被加上"农村""薄弱"之名后，课程建设与课程引领之路该何去何从？对此，于冬云校长所著的《走向课程领导——一所农村薄弱初中的"课程领导"实践》一书，给出了她真实而有温度的回答，正所谓"千淘万漉虽辛苦，吹尽狂沙始到金"，于冬云校长通过孜孜不倦的努力求索和未曾停歇的实践脚步走出了一条重新理解课程与管理之路，通过使命凝聚、课程突围实现学校的破茧成蝶。

"板上种桃李，硕果满神州"，教育担负着责任也承载着服务，服务梦想，造福成长。学校作为提供教育的重要场所，"课程"这种精神性产品是学校内在的核心与魂魄。然而，许多地域、学校将推进课程改革简单化为一种行政任务，行政的规划与管理虽然提高了改革推进的广度，但也限制了改革推进的深度。从课程管理转向课程领导既不是随心所欲的探究尝试，也非定性词汇的简单变化。于冬云校长将育人情怀记于心，将政策内涵践于行，并围绕立德树人、社会主义核心价值观、核心素养、中考改革等方面，阐释了自己对2014年以来义务教育课程改革的八个重要教育政策的理解，谈论了学校课程领导转型实践的经历，为学校觅得并适应课程改革基本方向提供了颇有启发和借鉴意义的思维图景。

我理解的于校长提出的课程领导具有"全员性"和"全程性"。课程领导不是校长一个人的领导，而是共同体的领导，在本书中于校长将学校课程领导共同体视为学校课程相关人员参与学校课程领导的平台，共同鼓励和调动课程相关人员的积极参与，提高各主体成员的课程领导力、理解力和执行力，从而实现学生、教师的成长和学校的特色发展。

《走向课程领导——一所农村薄弱初中的"课程领导"实践》一书在政策梳理和理论分析之后，提供了课程领导实践落地的基本流程和相应工具，从成立学校课程领导共同体，厘清学校办学的哲学思考，到诊断和评价学校课程资源，进行学校课程建设的顶层设计，再到学校课程建设的实施路径设计，与书中的诸多实践案例为读者提供了鲜活而直观的场景感，使得本书拿来可读、读之可做、做后有效。

课程改革步入深水区后，改革会直面难啃的硬骨头，改革之路也会更加错综复杂，希望广大校长、教师能够从本书中看到同道中人的思与行，能够坚定信心、迎难而上；希望教育研究者乃至家长也能够成为本书的读者，了解耕耘在教育一线的校长及其团队的课程实践，更希望以本书为媒，结成更广范围的课程领导共同体，为学校教育质量的持续提升提供本原性动力。

王凯

北京教科院课程中心副主任，研究员

序 二

这是我第二次为北京市第八十中学温榆河分校于冬云校长的著作写序。我与于校长相知相交已有11年了，记得2009年初，于校长到新加坡南洋理工大学国立教育学院攻读教育管理硕士，跟着我写论文，记得她的论文题目是《中新"课程领导"比较研究》。回国之后，她以该论文为蓝本，结合了她对北京市高中新课程改革的思考和实践，出版了第一本专著《走向课程领导》。

这本书，依然题为《走向课程领导》。掩卷后，我发现10年过去了，书名虽依旧，但于校长对课程领导的领悟进入了一个新的境界。

好的课程领导，绝不是一个盲目跟风热点推行学校课程的领导，也不是一个参考了别校课程，便自认得其精髓，巧妙移植的领导。一个好的课程领导，必定是一个本着一颗热爱教育的初心，精准掌握学校定位，切实了解学生学习需要，构建具有本校特色的课程框架，并带领教师默默耕耘，不断反思提升课程质量，最终达至以课程确保学生具有未来发展潜力的领导。

这本书是一个中学校长从规划课程到实践课程，不断提升课程质量后撰写的专著，是于冬云校长在一所农村薄弱学校——八十中学温榆河分校七年里苦心经营并使之走上健康发展道路的历程记录。于冬云校长通过书中的三大部分：政策理论篇、实践纪实篇以及总结提升篇，把校长身为课程领导所扮演的角色，发挥得淋漓尽致。我可以想象，于冬云校长跟教师们为了这所学校，在学校文化与课程改革方面付出了多大的努力，才实现了她心中以"文化铸魂、课程立校"的使命。

这七年间，我多次来温榆河分校，跟于冬云校长以及她的团队交流学习。每一次我都能够切实感觉到学校文化的变化，教师们的干劲、活力以及学生们热爱学习的笑脸，这一切正是一所学校课程改革成功的见证。现在的八十中学温榆河分校，在深具特色的课程推进下，不再是七年前无人问津的农民子弟学校，而是朝阳区一所充满生机和绚丽色彩的学校。

《走向课程领导》是一部以实践为导向的有关课程领导的专著，也是一部一名成功校长在实践学校课程之余，将深具特色的课程进行深化总结，上升到课程理论高度的精心之作。这本专著，是一个校长展现出课程领导力与执行力的最好见证。

我经常告诉校长们："身为校长，要领导一条自我成长以及成长他人的路。"读完这本书，我的感想是，真正的课程领导是一个能够带领教师规划、实践与发展学校课程的重要人物，也是培养未来课程领导成长的重要导师，而于冬云校长便是这样一个默默耕耘的校长，以推动具有特色的课程培养了身边未来课程的领导，使得课程的活力一棒传一棒，生生不息。

《走向课程领导》建构了从理论到实践，再迈向提升的课程领导之路，值得所有致力于学校课程改革的校长们、教师们细读、细品。

符传丰

博士，新加坡华文教研中心院长

2019 年 10 月 10 日

目 录
CONTENTS

上篇　政策理论篇 ·· 1

01　学校课程建设的基本政策依据 ··· 3

依据一　《教育部关于全面深化课程改革　落实立德树人根本任务的意见》 ··· 3

依据二　北京市人民政府办公厅关于印发《北京市中小学培育和践行社会主义核心价值观实施意见》的通知 ················· 5

依据三　北京市教育委员会关于印发北京市基础教育部分学科教学改进意见的通知 ·· 8

依据四　北京市教育委员会关于印发《北京市实施教育部〈义务教育课程设置实验方案〉的课程计划（修订）》的通知 ·· 10

依据五　北京市教育委员会关于开展初中综合社会实践活动的通知 ·· 12

依据六　北京市教育委员会关于本市中考中招与初中教学改进工作的通知 ·· 14

依据七　北京市教育委员会关于进一步推进高中阶段学校考试招生制度改革的实施意见 ·· 17

1

依据八　中共中央国务院关于深化教育教学改革全面提高义务教育
　　　　　　质量的意见 ………………………………………………… 19
02　学校课程建设呼唤课程领导 …………………………………………… 23
　　理解一　何为课程 ………………………………………………………… 23
　　理解二　何为课程领导 …………………………………………………… 26
　　理解三　谁是课程领导者 ………………………………………………… 28
　　理解四　课程领导者角色 ………………………………………………… 30
03　厘清学校课程领导任务清单 …………………………………………… 39
　　任务一　成立学校课程领导共同体 ……………………………………… 39
　　任务二　诊断学校课程资源优劣势 ……………………………………… 43
　　任务三　厘清学校办学的教育哲学 ……………………………………… 45
　　任务四　学校课程建设的顶层设计 ……………………………………… 47
　　任务五　学校课程实施路径的设计 ……………………………………… 50

中篇　实践纪实篇 ……………………………………………………… 57

04　学校"课程领导"顶层设计 …………………………………………… 59
　　设计一　学校课程建设目标设计 ………………………………………… 61
　　设计二　学校课程结构设计 ……………………………………………… 62
　　设计三　以学习为中心的排课设计 ……………………………………… 65
　　设计四　学科单元教学整合设计 ………………………………………… 67
　　设计五　学科"生命课堂"教学设计 …………………………………… 71
05　从校长到教师的课程领导实践
　　　——八十中学温榆河分校为例 ………………………………………… 75
　　案例一　八十中学温榆河分校数学学科课程建设方案 ………………… 76

案例二　八十中学温榆河分校理综学科课程建设探索与
　　　　实践……………………………………………………… 85

案例三　"亲近母语·感受文化"语文主题活动月的设计与
　　　　实施……………………………………………………… 92

案例四　"家国情怀·品格少年"主题英语学科月活动设计与
　　　　实施……………………………………………………… 101

案例五　基于核心素养的历史课本剧课程设计与实践………… 108

案例六　农村初中开展中英足球合作教学的课程设计与
　　　　实践……………………………………………………… 114

案例七　八十温榆河分校艺术类课程建设与实施……………… 123

案例八　八十温榆河分校科技类课程建设与实施……………… 130

案例九　基于学生"六品"培养的课程建构与实施…………… 136

案例十　立德树人育六品　提升素养彰特色
　　　　八十温榆河分校"六品"特色课程开发与实施……… 150

案例十一　基于地理实践力培养下的单元整合地理教学实践
　　　　　——以《等高线的判读》为例 ……………………… 168

案例十二　基于数学实验的任务驱动"四初"教学法实施
　　　　　策略……………………………………………………… 173

案例十三　《钟表设计与制作》项目式学习的设计与
　　　　　实施……………………………………………………… 185

案例十四　核心素养导向的初中数学单元教学设计与实施
　　　　　——以《销售中的盈亏问题》为例 ………………… 194

下篇　总结提升篇 203
06　"课程领导"使一所农村学校破茧成蝶 205
成果一　城乡教育发展共同体背景下农村初中学校的课程建构与实施 205

成果二　文化铸魂促内涵发展　明心启智耀生命之光
——记八十温榆河分校文化建设的实践与探索 224

成果三　师生在课改中共享生命的成长
——记八十温榆河分校课程建设的思考与实践 235

成果四　八十中学温榆河分校接受多家媒体探访 244

成果五　北京市第八十中学温榆河分校一所师生生命绽放的乐园 248

后　记 252

上篇 01
政策理论篇

01　学校课程建设的基本政策依据

国家和地区教育政策是学校课程建设的依据，它们代表着国家对教育的高端引领，也体现着对教育核心价值观的引领，对学校发展特别是对学校课程建设有着深远的影响。本章试图研读八个重要教育政策，从政策的实践价值、学校改革着力点两个层面解读其对学校课程建设的深远影响。

依据一　《教育部关于全面深化课程改革　落实立德树人根本任务的意见》

2014年3月30日，教育部颁布《教育部关于全面深化课程改革 落实立德树人根本任务的意见》。意见指出，基础教育课程改革进入深入推进的新阶段，深化课改的重心是将立德树人的根本任务落实到学校课程中。

一、全面深化课程改革的总体要求

※指导思想：全面贯彻党的教育方针，遵循教育规律和学生成长规

律。大力弘扬中华优秀传统文化，把培育和践行社会主义核心价值观融入国民教育全过程。

※基本原则：坚持系统设计，整体规划育人各个环节的改革，整合利用各种资源，统筹协调各方力量，实现全科育人、全程育人、全员育人。坚持重点突破，聚焦课程改革的关键领域和主要环节。

※工作目标：高举中国特色社会主义伟大旗帜，推动社会主义核心价值观进教材、进课堂、进头脑，着力培养学生高尚的道德情操、扎实的科学文化素质、健康的身心、良好的审美情趣，努力使学生具有中华文化底蕴、中国特色社会主义共同理想、国际视野，成为社会主义合格建设者和可靠接班人。

※主要任务：统筹小学、初中、高中、本专科、研究生等学段（包括职业院校）；统筹各学科，特别是德育、语文、历史、体育、艺术等学科；统筹课标、教材、教学、评价、考试等环节；统筹一线教师、管理干部、教研人员、专家学者、社会人士等力量；统筹课堂、校园、社团、家庭、社会等阵地。

二、引领育人模式转变，深化课程改革的关键领域和主要环节

※研究制订学生发展核心素养体系和学业质量标准。

※修订课程方案和课程标准。

※编写、修订高校和中小学相关学科教材。

※改进学科教学的育人功能。

※加强考试招生和评价的育人导向。

※强化教师育人能力培养。

※完善各方参与的育人机制。

※实施研究基地建设计划。
※整合和利用优质教育教学资源。
※加强课程实施管理。

:::实践价值:::

※厘清了学校育人的教育价值——立德树人，如何认识核心素养提出的意义？

※明确了课程改革深化的方向——课程标准、学业质量标准，核心素养如何成为新课程设计的主线？

※规划了学校发展的行动路径——课程建设、教学改革、教师专业发展，如何将核心素养目标落实于课程和教学？

基于"全面深化课程改革、落实立德树人根本任务"的中小学课程改革着力点为：

※围绕核心素养构建学校课程体系；
※围绕核心素养培育课堂教学变革；
※围绕核心素养培育教师素质提升；
※围绕核心素养培育评价体系改革。

依据二　北京市人民政府办公厅关于印发《北京市中小学培育和践行社会主义核心价值观实施意见》的通知

2014年9月24日，在教育部颁布《关于全面深化课程改革 落实立德树人根本任务的意见》之后，北京市人民政府办公厅关于印发《北京市中小学培育和践行社会主义核心价值观实施意见》通知下达，对中小学培育和践行社会主义核心价值观提出要求。

※重要意义：是推进中国特色社会主义伟大事业、实现中华民族伟大复兴中国梦的战略任务；是坚持和强化首都城市战略定位，建设国际一流的和谐宜居之都的必然要求；是全面贯彻党的教育方针，坚持立德树人，进一步深化基础教育综合改革，全面实施素质教育的重要保证；是促进中小学生健康成长，成为德智体美劳全面发展的社会主义事业可靠接班人和合格建设者的内在需要。

※总体要求：遵循教育规律、学生成长规律和社会主义核心价值观传播规律，以"富强、民主、文明、和谐，自由、平等、公正、法治，爱国、敬业、诚信、友善"为基本内容，以理想信念为核心，以养成良好行为习惯为重点，注重教育引导、舆论宣传、实践养成、文化熏陶、制度保障相结合，将培育和践行社会主义核心价值观融入教育教学全过程。

实践价值

※提高了中小学"立德树人"根本任务的政治站位，铸魂育人；

※明确了中小学培育和践行社会主义核心价值观总体要求——融入学校教育教学全过程，加强体系建设整体育人。

2016年9月28日，北京市教育委员会、北京市财政局关于印发《北京市中小学生培育和践行社会主义核心价值观"四个一"活动项目管理办法》的通知下达，指出：根据市政府办公厅关于《北京市中小学培育和践行社会主义核心价值观实施意见》（京政办发〔2014〕52号），北京市中小学学生在学习阶段至少走进一次国家博物馆、首都博物馆和抗日战争纪念馆，参加一次天安门升旗仪式，市教委决定在全市实施中小学生培育和践行社会主义核心价值观"四个一"活动。

:实践价值:

※市教委引领北京市中小学培育和践行社会主义核心价值观"实践养成"必修课四个一活动；

※学校层面可系统设计培育和践行社会主义核心价值观德育课程群及学科教学德育要求。

基于社会主义核心价值观的中小学课程改革着力点：

※厘清社会主义核心价值观基本内容与学校办学哲学的关系，深刻理解在社会主义核心价值观政治统领下的办学理性坚守；

※围绕社会主义核心价值观基本内容，在教育引导、舆论宣传、实践养成、文化熏陶方面进行系统德育课程整体设计；

※围绕社会主义核心价值观基本内容，引领学校各学科教师进行育人目标设计，确保社会主义核心价值观教育有机融入课堂；

※围绕社会主义核心价值观基本内容，号召和引领广大教师勇担时代使命，强化师德师风建设、提升专业能力、树立榜样引领等，潜心育人；

※围绕社会主义核心价值观基本内容，形成学校、家庭和社会三结合的教育网络，学校建立健全协作育人机制，争取家庭和社会对学校育

人的支持和配合，汇聚各方力量协同育人。

依据三　北京市教育委员会关于印发北京市基础教育部分学科教学改进意见的通知

2014年11月27日，为贯彻落实党的十八届三中全会精神，深化教育领域综合改革，解决基础教育学科教育教学中存在的深层次问题，《北京市教委关于印发北京市基础教育部分学科教学改进意见的通知》下达。

基本要求：

※强调依据课程标准开展教学；

※培育和践行社会主义核心价值观；

※构建开放性的教与学模式：学校要组织学生走出校门，中小学校各学科平均应有不低于10%的课时用于开展校内外综合实践活动课程；

※鼓励运用多样化教学方式：倡导"玩中学""做中学"，为学生提供丰富的体验、合作、探究类的学习活动；

※关注教育教学评价改革。

《北京市中小学语文学科教学改进意见》的重点要求：

※依据课程标准开展教学，特别强调加强学段间衔接研究；

※传承经典，把中华传统文化经典、革命历史题材作为语文阅读和写作教学的基本素材，培育和践行社会主义核心价值观；

※积极拓展阅读视野，提升阅读能力和写作能力；

※扎实推进教与学方式转变，倡导开放学习。特别提出与历史、地

理、政治、综合实践、信息技术的整合实践，积极实践10%学时的学科实践活动课程的开发与实践。

《北京市初中科学类学科改进意见》的重点要求：

※倡导综合性主题教学，加强科学类学科课程整合，系统开发初一、初二年级科学课课程内容；

※有效加强课堂教学与社会实践的联系，10%学时用于开放性科学实践活动，并纳入中考评价体系；

※科学设计个性化科学作业。

实践价值

※基于课程标准的教学；

※社会主义核心价值观进教材、进课堂；

※第一次提出各学科不低于10%的课时用于开展校内外综合实践活动课程；

※鼓励多样式教学方式，同时鼓励走班、走校、走进社会；

※构建多元化、发展性的评价体系，要求基于课程标准进行学业评价；

※特别关注中小学语文、英语及中学科学类学科的改进。

基于"学科改进意见"的中小学课程改革着力点：

※引导学校各学科开展基于课程标准的教学研究与实践；

※社会主义核心价值观进学科的课程内容和学习方式研究与实践；

※各学科开展10%学时的学科实践活动课程的开发与实施；

※各学科开展学科学习方式的变革研究；开展学科内、学科间整合

的实践研究；

※科学类学科开放性实践活动的校内外整合实践研究；

※各学科开展学生创新性、个性化学习作业的研究与实践；

※各学科积极开展构建多元化、发展性的评价体系的研究与实践。

依据四　北京市教育委员会关于印发《北京市实施教育部〈义务教育课程设置实验方案〉的课程计划（修订）》的通知

2015年7月1日，北京市教育委员会关于印发《北京市实施教育部〈义务教育课程设置实验方案〉的课程计划（修订）》的通知下发，要求2015年7月31日全市范围内开始实施。

《北京市实施教育部〈义务教育课程设置实验方案〉的课程计划（修订）》基本要求：

※发挥课程整体育人价值；

※依据课程标准安排课程计划；

※倡导课程创新实验；

※加强学科实践活动课程建设；

※加强综合实践基地建设；

※提升校长、教师课程领导力；

※加强数字化优质教育教学资源及应用体系建设。

《北京市实施教育部〈义务教育课程设置实验方案〉的课程计划（修订）》突出特点：

※课程设置原则上突出义务教育阶段九年一贯整体设计课程，并要求各学科整合主题教育；凸显综合性、连贯性、创生性、选择性原则；

※课程设置上统筹设置九年一贯学科课程、综合实践活动课程、地方课程和校本课程，特别对综合实践活动课程领域的学科实践活动课程的开发与实施进行了严格的要求；

※课程安排上强调统筹与自主，并尝试长短课时安排。

实践价值

※统一义务教育课程计划，将立德树人根本任务、培育和践行社会主义核心价值观融入课程载体统一要求；

※强化九年一贯课程连贯性设计与实施；

※更加明确各学科开展10%学时学科综合实践课程的具体要求，并明确其属于综合实践活动课程领域范畴；

※特别提出校长、教师课程领导力提升的重要性；

※强调数字化信息技术教育资源及应用体系建设。

基于"北京市义务教育课程计划（修订）"在中小学课程改革的着力点：

※深刻理解九年一贯制课程整体设计、整体育人的价值，并进行九年一贯制各学科课程系统建构研究；

※各学科10%学时的学科实践活动课程的系统开发与实践，并进行综合主题为核心的学科内、学科间整合研究与实践；

※学科学习方式变革的实践研究；

※校长、教师课程领导力提升工程：义务教育课程计划（修订）

出台，第一次在文件中强化校长和教师课程领导力提升，反映义务教育课程改革的力度，以及直接对接高中课程改革，对学校课程建设是极大的挑战，要求学校校长要有深刻的政策领悟能力，并能够带领团队进行学校课程的顶层设计，并通过各种途径和平台提升教师的课程领导力。

依据五　北京市教育委员会关于开展初中综合社会实践活动的通知

2015年12月23日，《北京市教育委员会关于开展初中综合实践活动的通知》下发。文件对初中开展综合实践活动的目的意义、基本原则、内容方式、实施管理等方面进行了详细的设计和要求，2015年9月初一年级启动实施。

开展初中综合社会实践活动的目的意义：

※是深化基础教育综合改革的必然要求；

※是培育和践行社会主义核心价值观的现实需要；

※是北京市课程教学改革的实施途径；

※是北京市中考改革的配套举措。

开展初中综合社会实践活动的基本原则：

※坚持实践导向；

※坚持综合培养；

※坚持过程参与；

※坚持多元评价。

初中综合社会实践活动的主要内容：综合社会实践活动主要围绕

"国家、社会、个性发展"三个层面、"加强国家认识"等32项考核要点和62个主题活动开展。既可由学校集体组织，也可以由学生自由结合为小组或学生个体自主活动。

※国家层面：对学生进行历史与国情、中华优秀传统文化、民族团结、国防知识、国际视野和可持续发展等方面的教育。

※社会层面：对学生进行民主法治、公民意识、礼仪规范、感恩父母、帮助他人、热心公益、学习榜样、树立理想等方面的教育。

※个性发展层面：对学生进行认识自我、自我规划、战胜挫折、担当责任、团队合作、热爱劳动、勇于创新等方面的教育。

初中综合社会实践活动的记录方式：初中综合社会实践活动依托"北京市初中综合社会实践活动管理服务平台"（kfsj.bjedu.cn）对学生参加活动的情况进行管理、记录和考核。初中阶段，每位学生每学年应完成不少于10次的综合社会实践活动，每参加一次活动计1分，原则上每学年累计10分，初中三年共计30分。

学校集体组织以学校、年级、班级为单位开展的活动，由指导教师统一登录平台记录；学生自由结合的小组活动或学生社团开展的活动，学生自愿申报，将小组名单提交指导教师，由指导教师或学生登录平台记录；学生个体活动由学生本人登录平台记录。所有活动均需学生提交证明材料，指导教师确认后计分。

实践价值

※依据社会主义核心价值观三个层面细化综合实践活动主题设计，为学校培育和践行社会主义核心价值观提供课程开发依据；

※系统开发历史、地理、思品学科10%学时学科实践活动主

题内容；

※适应新中考改革的文科考核过程性学习需要。

基于"初中开展综合实践活动"在中小学课程改革的着力点：

※培育和践行社会主义核心价值观的核心课程与综合实践活动课程的整合开发与实践；

※系统开发10%学时历史、地理、思品学科的综合实践活动课程，通过课程实施，改变学生学习方式和课程评价方式。

依据六 北京市教育委员会关于本市中考中招与初中教学改进工作的通知

2015年12月16日，《北京市教育委员会关于本市中考中招与初中教学改进工作的通知》下发，特别对北京市2018年中考改革工作和初中教学改进提出了具体的要求。

关于中考、中招改革工作：

※考试科目和分值改革。从2018年起，考试科目和分值调整为：语文、数学、外语、历史、地理、思想品德、物理、生物（化学）、体育九门课程。

中考满分为580分（不含加减分）。其中语文试卷总分值为100分；数学试卷总分值为100分；外语试卷总分值为100分，其中60分为卷面考试成绩，40分为听力、口语考试（与统考笔试分离，学生有两次考试机会）。

物理（含开放性科学实践活动10分）、生物（化学）（含开放性科学实践活动10分）、历史（含综合社会实践活动10分）、地理（含综合社会实践活动10分）、思想品德（含综合社会实践活动10分）五门考试科目原始分满分均为100分。学生可以选择其中三个科目参加考试［物理、生物（化学）须至少选择一门］，所选三科成绩，由高到低分别按照100%、80%、60%的系数折算为实际分数，即：三科折算后实际满分分别为100分、80分和60分。

体育成绩为40分，其中现场考试30分，过程性考核10分。

※推进考试内容与形式改革。严格按照义务教育各学科课程标准确定考试内容，注重考查学生九年义务教育的积累，注重对学生掌握基础知识、基本技能、基本思想和基本能力的考查。重视发挥考试的教育功能，在各科目考试内容中融入对社会主义核心价值观和中国传统文化内容的考查。扩大选材范围，突出首都特色，贴近生活，注重实践。推进中考体育考试改革，逐步增强考试项目的选择性，加强仪器设备在量评项目测试中的应用。

关于初中教学改进工作：

※关注课程的整体育人功能以及学科内、学科间的联系与整合，引导学生积极参加综合实践活动。注重对学生核心素养的培养，在学科教学中加强对社会主义核心价值观的培育和渗透。

※合理安排学科课程，为学生创造更多自主探究的时间和空间。充分利用中小学生社会大课堂资源单位、高校、科研院所、博物馆、企业、社会团体等社会资源开展学科实践活动，用好各学科平均不低于10%的实践活动课时，逐步形成学科内综合以及跨学科多主题、多层次的系列课程。综合培养学生的人文、科学素养，提高学生综合运用知识

解决问题的能力、交流与合作的能力、创新意识与实践能力。

※全面实施初中"开放性科学实践活动"和"综合社会实践活动",组织学生在校内外开展小实验、小制作等活动,做好学生参加"开放性科学实践活动"和"综合社会实践活动"情况的认定填报工作。

实践价值

※全方位的"选择"体验,科目可选择、赋分可选择,9种组合,54种折分结果;

※关注平时,关注实践,综合素质评价、开放性实践活动、综合实践活动纳入中考;

※注重考查学生九年义务教育的积累,注重对学生掌握基础知识、基本技能、基本思想和基本能力的考查。注重考查社会主义核心价值观和中国传统文化;

※学科内、学科间整合研究。

基于"2018中考考试改革"在初中课程改革的着力点:

※考试评价改革下,着力加强学校课程领导力建设,加强学校课程建设的顶层设计及各级领导力提升;

※考试评价改革下,通过调整学校课程结构换发课程活力,如更加强调九年一贯制整体设计课程,凸显连贯性;学时总量控制的长短课时尝试;加强学科实践活动的开展;突破学科壁垒;

※考试评价改革下,加强学生生涯规划指导及学校课程管理的科学性研究,如选课指导、科学排课;

※考试评价改革下，教与学方式的变革实践，如"五个教（考）出来"：把社会主义核心价值观和传统文化教（考）出来；把学生的课堂表现教（考）出来；把学生的基础和九年的积累教（考）出来；把能力教（考）出来；把从社会大课堂所学的内容教（考）出来。

依据七　北京市教育委员会关于进一步推进高中阶段学校考试招生制度改革的实施意见

2018年7月13日，《北京市教育委员会关于进一步推进高中阶段学校考试招生制度改革的实施意见》下发，中考改革三年一轮（2016—2017—2018）结束了，2019年的初一新生三年后将实施新一轮"两考合一"政策，重点内容如下：

※到2021年初步形成基于初中学业水平考试成绩、结合综合素质评价的高中阶段学校考试招生录取模式；将初中毕业考试和高中招生考试"两考合一"，实行初中学业水平考试，实现一考多用。

※初中学业水平考试由市教委统一制定要求。其中语文、数学、外语、道德与法治、历史、地理、物理、化学、生物9门科目由全市统一命题、统一考试、分区评卷；体育与健康、艺术（音乐、美术）、综合实践活动中的信息技术和劳动技术3门科目由各区按照市级有关要求组织实施。学生在完成每门科目课程内容学习后参加初中学业水平考试，实行随教、随考、随清。其中地理、生物考试安排在初二第二学期末，语文、数学、外语、道德与法治、历史、物理、化学考试安排在初三第二学期末。

※初中学业水平考试成绩以原始成绩和等级成绩呈现。等级成绩依据原始成绩划定，位次由高到低分为A、B、C、D四个等级。语文、数学、外语3门科目分值均为100分。其中外语卷面考试60分，听力和口语考试40分（与统考笔试分离，学生有两次考试机会）。道德与法治、历史、地理、物理、化学、生物6门科目分值均为80分（含10分开放性科学实践活动或综合社会实践活动成绩），体育与健康分值40分。艺术（音乐、美术）、综合实践活动中的信息技术和劳动技术考试以等级成绩呈现。初中学业水平考试所有科目合格才可毕业。

※依托学生综合素质评价电子平台进行管理、记录和评价，以客观记录反映学生综合素质的代表性、关键性事实为主要方式。评价结果设A、B、C、D四个等级。

实践价值

※两考合一考核制度下的学校课程改革实践研究。

※初中学生生涯规划与指导的必要性研究。

※教学质量管理、减轻学生学业负担与两考合一目标期待是否一致？

※基于初中学业水平考试成绩、结合综合素质评价的高中考试招生录取模式，改变唯分数论。

基于"推进高中阶段学校考试招生制度改革"在中小学课程改革的着力点：

※必考6科，选考2科的"两考合一"模式下，如何体现选考的意义？如何对接高考3+3模式？值得深入对接研究。

※学科学业水平测试与中考选择科目教学标准与教学质量标准如何把握？以考查学生能力水平为核心的考试命题研究，凸显两考合一的价值。

※新一轮考试改革突出实践性学习的重要地位，通过学科实践活动撬动学科课程体系重构，改变学习方式，培养核心素养。

※研究初中综合素质评价如何发挥激励、诊断的评价作用，确实改进不唯分数论的高中考试招生录取模式。

依据八　中共中央国务院关于深化教育教学改革全面提高义务教育质量的意见

2019年6月23日，《中共中央国务院关于深化教育教学改革全面提高义务教育质量的意见》出台，这是中共中央、国务院印发的第一个聚焦义务教育阶段教育教学改革的重要文件，是新时代我国深化教育教学改革、全面提高义务教育质量的纲领性文件。

重要内容如下：

※总体要求：坚持立德树人，着力培养担当民族复兴大任的时代新人。坚持以习近平新时代中国特色社会主义思想为指导，全面贯彻党的教育方针，落实立德树人根本任务，树立科学的教育质量观念，坚持德育为先、全面发展、面向全体、知行合一，培养德智体美劳全面发展的社会主义建设者和接班人。

※全面提高义务教育质量的主要任务：

一是坚持"五育"并举，全面发展素质教育。认真落实党中央、国务院关于"发展素质教育"的新要求，强化德育、体育、美育和劳动教育应有地位，突出德育实效，提升智育水平，强化体育锻炼，增强美育熏陶，加强劳动教育，促进学生全面发展。

二是强化课堂主阵地作用，切实提高课堂教学质量。优化教学方式，注重启发式、互动式、探究式教学。加强教学管理，健全教学管理规程，规范教学行为。完善作业考试辅导，落实减轻过重学业负担要求。促进信息技术与教育教学融合应用，缩小城乡教育差距。

三是按照"四有好老师"标准，建设高素质专业化教师队伍。大力提高教师教育教学能力，优化教师资源配置，依法保障教师权益和待遇，提升校长实施素质教育能力，充分调动教师和教育管理队伍在深化教育教学改革中的主动性和创造性。

四是深化关键领域改革，为提高教育质量创造条件。加强课程教材建设，完善招生考试制度，制订县域义务教育质量、学校办学质量和学生发展质量评价标准，坚决克服唯分数、唯升学的功利化倾向。充分发挥教研支撑作用。落实学校办学自主权，激发学校生机活力。实施义务教育质量提升工程。

五是加强组织领导，开创新时代义务教育改革发展新局面。坚持党的全面领导，落实部门职责，强化考核督导，切实加强对教育教学改革的价值引导、组织领导和支持保障。加快推进家庭教育立法，密切家校联系，加强家庭教育指导，构建学校、家庭、社会"三位一体"的协同育人格局。

实践价值

※中共中央、国务院出台的第一个关于全面提高义务教育质量

的重要文件，基层学校要全面对标、践行。

※进入新时代，人民群众的需求正在由"有学上"向"上好学"转变，亟须深化教育教学改革，进一步提高义务教育质量。

※坚持立德树人，着力培养担当民族复兴大任的德智体美劳全面发展的社会主义建设者和接班人。

基于《中共中央国务院关于深化教育教学改革全面提高义务教育质量的意见》在中小学课程改革的着力点：

※"五育并举"的素质教育新要求，强化德育、体育、美育和劳动教育应有地位，强调全人教育、系统设计及实施课程；避免仅注重学科成绩，忽略学生的全面发展。

※提高课堂教学质量，要从学校和教师两个主体落实。学校一方面做好以核心素养为基础的课程体系顶层设计，另一方面做好教学常规监控、督导、管理工作。教师在学校课程体系建设的基础上，研究本学科的学科内涵，形成学科课程观，在学科组学习交流的基础上，形成个性化的教学观，并在课堂实践中不断优化升级。

※高素质教师队伍建设的研究与实践，完善教师人才梯队建设，优化教师结构；科学规划校本培训，切实关注不同层面教师的发展需求，促进教师个性化发展；为教师提供学习深造机会，搭建展示平台；完善教师考评机制，评价主体多元化，强化师风师德建设。

※重视家庭和社会在教育中发挥的重要作用。通过家长学校、学生志愿服务进社区等多种形式，加强"学校、家庭、社会"联系，三位一体，共同完成教育使命。

以上，笔者试图解读 2014 年以来，义务教育课程改革的八个教育政策，总体围绕立德树人、社会主义核心价值观、核心素养、中考改革等方面，这些内容的实施载体都是学校课程。制度改变、政策改变，需要跟进改革的就是学校课程建设，但学校课程原则上不能朝令夕改。北京新一轮高中课改之前，连续两阶段中考改革，给义务教育学校发展造成很多方面的难题，如学校课程体系、教师储备、选课走班、考试研究等，都需要跟着政策变动，比如 2019—2020 学年度，两种中考制度重叠在学校的初二、初三年级，个别学科教师储备就成了难题，关键有些政策实施细则滞后问题，也给学校的课程建设带来了困惑。

基于以上问题，尤其在不间断的课改政策出台影响下，学校课程建设的理性思考就显得格外重要，也就是特别考验学校的校长及管理者。于是，在新课程改革背景下，我们呼唤校长的课程领导力，呼唤校长的学术能力。就是一所学校如何通过校长为核心的课程领导共同体，进行反映学校育人哲学的学校课程顶层设计，如学校课程愿景、课程结构、课程实施、课程评价等，以不变应万变，以维持学校课程的核心稳定和育人价值。那么，学校必须实施课程领导。

02　学校课程建设呼唤课程领导

"课程领导"一词出现在20世纪50年代的教育文献中。20世纪70年代后,美国管理学界掀起了一股批判科学管理的浪潮,出现了新兴的领导理论。大家认为一个成功的领导者的角色不是去命令、控制、监督,而是倾听、合作、引导、协调。在这样的背景下,教育领域中开始探讨管理者的角色向领导者的角色转型问题,开始重视课程领导。在美国、加拿大、英国、澳大利亚等国家,课程领导的理论与实践成为一个重要研究领域。课程领导在课程体系建构、课程开发与实施、评价过程中发挥着重要的作用。而在我国,课程领导是伴随着新一轮基础教育课程改革三级课程管理体制的实施而出现的一个新的话题。那么何为课程领导?如何深刻理解其内涵、功能、主体是在学校实施课程领导的关键。

理解一　何为课程

"课程是教育的核心",课程"集中具体地体现了教育目标,是人才培养的蓝图"。[1] "课程"（curriculum）是个拉丁词汇，它的词源"currere"，名词意指"跑道"或者在跑道上奔跑的四轮马车，侧重固定的轨迹；动词指在跑道上"奔跑"，侧重个体化行为和个人体验。作为教育术语的"课程"，最早出现在彼特·拉莫斯（Peter Ramus）的《知识地图》（1576），用来表示循序而进的学习过程。丛立新在《课程论问题》著作中对国内外有关研究中代表性的表述进行了归类。[2]

1. 国内研究中比较有代表性的几种表述

◆课程是教学内容及进程的总和。

◆按照一般的理解，课程一词指的是学校教学内容。

◆还有的同志认为，几乎每个课程工作者都有自己的界定。——若把各种课程定义加以归类，大致上可分为以下六种类型：课程即教学科目；课程即有计划的教学活动；课程即预期的学习结果；课程即学习经验；课程即社会文化的再生产；课程即社会改造。

2. 国外研究中比较有代表性的表述

◆在西方教育史上，斯宾塞（H. Spencer，1820—1903）在其名著《什么知识最有价值》中首先提出了"课程"（Curriculum）这一术语，并将之概念化为"教育内容的系统组织"。

◆美国学者奥利弗[3]把"课程"的不同界定从广义到狭义的顺序，列出七种解释：儿童所具有的全部经验；在学校指导下学生所经历的全部经验；由学校提供的全部学程；对某种学程的系统安排；在特定学科领域内所提供的学程；学校中的某项专业教学计划；个体所修习的科目。

◆美国的经验主义教育论主张，"所谓课程，是旨在实现教育目标，学校所准备的经验的总体"，强调"经验与活动的教育性组织与计划"。注重学习对象及其内容本身的逻辑和独特意义的课程论，则视"课程"为"系统的知识、知性技能及情意内容的复合物"。1974年，经济合作与开发组织教育研究革新中心（OECD·CERI）倡导包含了教育目标、教育内容、教材、教学活动及评价方式在内的广义的概念，把"课程"界定为涵括了"显性课程"（overt or manifest curriculum）与"潜在课程"（hidden or latent curriculum）在内赋予学习者的"学习经验的总体"。

经典论述一

※课程即教材。

夸美纽斯等认为：知识的传递以教材为依据，课程内容被认为是上课所用的教材，这是以知识体系为基点的课程取向。

课程内容就是学生要学习的知识，而知识的载体就是教材。

经典论述二

※课程即活动。

杜威认为：活动就是课程，经验就是课程。

以活动为取向，注意课程与社会经验的联系，强调学生在学习中的主动性。

课程是指学生所有学习的学科综合及其进程与安排。

经典论述三

美国课程专家多尔认为：课程不是跑道，而是在"跑道上奔跑"的动态过程。

作为"奔跑"的课程：以能力习得、情感态度为主的目标；以体验、经历、问题解决为主的内容；跨学科领域；没有特定的教材，以项目与活动为主；以学生自主学习为主；多元化开放性的学习结果；表现性学习评价为主。

理解二　何为课程领导

从文献看，课程领导的概念很多。国内外很多研究者从不同角度揭示课程领导的内涵。

吴清山、林天佑认为，课程领导是指在课程发展过程中，对于课程设计、课程实施、课程评价、教学方法提供支持与引导，以帮助教师提升有效教学和提升学生学习效果。[4]

郑先例、靳玉乐认为课程领导是在课程权力共享和民主参与的基础上，引导相关组织和人员做出高层次的课程决策和自我管理，以达到提高教育内容的品质，增进学生学习的最终成效的学习目的。[5]

黄显华、林一钢认为课程领导可能遵循两个路径进行：对课程开发技术的领导和对课程文化的领导，其中，对课程文化的领导主要是要转变学校原有的一些陈旧的基本假定，形成新的教师观、学生观、知识观、学习观、教学观等，改组与改造学校组织，进而促进教师的专业发展，影响课程开发的质量。[6]

杨明全认为课程领导是课程实践的一种方式，是指引、统领课程改革、课程开发、课程实验和课程评价等活动的行为的总称，它的目的是影响课程改革与开发的过程和结果，实现课程改革和课程开发的目标。[7]

克鲁格（S. E. Krug）认为课程领导包括五个元素：订立愿景、管理课程与教学、监督教学、监控学生的学习进度和提高教学的氛围。[8]

崔允漷认为课程领导是统领、指引、带动、引发一个共同体在课程开发与课程改革活动中的所有行为过程。它至少包含下列几层意思：课程领导存在于各个层级的课程开发和改革的活动之中；课程领导者可以是组织团体，也可以是个人；课程领导者可以是正式的行政人员，也可以是共同体中的任何一员。（崔允漷《高中新课程管理创新》，华东师范大学讲座资料）

美国课程专家兰姆博特提出课程领导的内涵是：①一个团体，而非个别的领导者（如校长），且组织中的每个成员都有成为课程领导的潜能和权力；②团体内的所有成员一起学习，一起合作建构意义和知识；领导是可以促使建设性转变的学习，学习具有共同的目的；③透过成员间的交谈，把价值观、意念、信息和假设表面化；一起研究和产生意念；在共同信念和信息的情境下，反思工作并给工作赋予意义；促进有助于工作的行动；④要求权力和权威的再分配，共同承担或共享学习、行动和责任。[9]

从以上中外关于课程领导内涵的定义中，课程领导内涵可以有两种思考，一种是作为名字的"课程领导"，即课程领导主体，或课程领导者；一种是动词的"课程领导"，即课程领导者行为或者课程领导者任务。

结合自身认识，可以概括出课程领导的基本内涵：

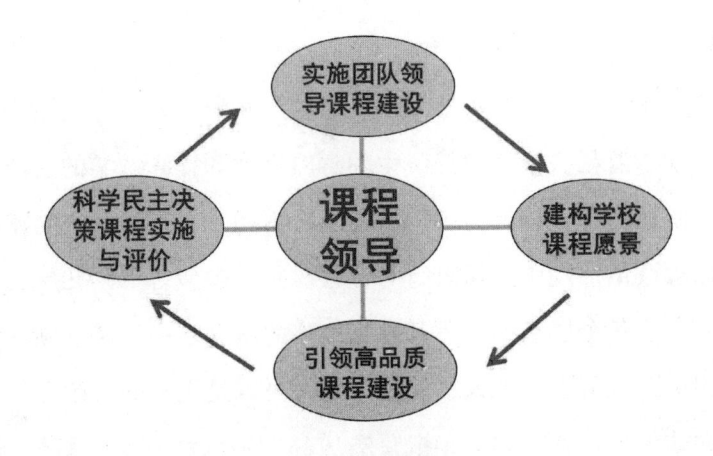

图 2-1　课程领导内涵

理解三　谁是课程领导者

　　课程领导者的角色问题一直是一个伴随着矛盾与冲突、充满了争议的问题。界定课程领导者的概念要比界定其他教育领导者如管理者或者校长更难。实际上课程领导者并不是指某人的特定职位。在有些情况下，学校管理者、校长、政府管理人员、教师都可能会扮演课程领导者的角色。在有些情况下，学校系统中也会有一个行政管理的职位，会把课程领导者的角色明确地分配到一个具体的人或者具体的职位中，如课程主任、课程专家、课程协调员、课程管理者等。国内外很多研究发现，学校的一些行政领导如校长，没有把足够的时间和精力投放到学校课程事物上，有些专家认为很有必要将课程领导从学校行政领导中分离出来进行研究。而越来越多的课程理论与实践专家强调学校课程领导者是个团体，应该强调课程领导共同体在学校的课程领导作用。

> 经典论述一

※西南大学教育科学研究所的金玉梅：课程领导者是对学校课程发展具有一定的权力和影响力、促进学校设定和实现课程愿景的团体和个人。

> 经典论述二

※美国课程专家兰姆博特（L. Lambert）：课程领导是一个团体，而非个别的领导者（如校长），且组织内的每一个成员都有成为领导者的潜能和权利。

> 经典论述三

※美国课程论专家施瓦布：课程领导共同体应以学校为基础，由校长、社区代表、教师、学生、教材专家、课程专家、心理学家和社会学家等组成。

笔者认为，作为课程领导者，应该有以下特质：

第一，厚实的专业知识和灵活智慧的沟通能力。课程领导者的专业知识不表现在课程内容上，其专业性更多体现在促进的技巧和沟通的技能，能够不断地对当下的行为与观念进行反思，能够在思想上跟得上时代的发展趋势和潮流，能够成为一个终身学习者。

第二，果敢有为、富有决断的人格魅力。课程领导者在推进学校课程建设中往往阻力重重，特别是对于那些非行政职位的课程领导者，反思、质疑、思考，产生创新，他们往往是学校变革的先锋。

根据国内外专家学者的共同认识以及学校在新课程改革背景下的实践，在学校层面都需要构建"学校课程领导共同体"的课程领导，如图 2-2。

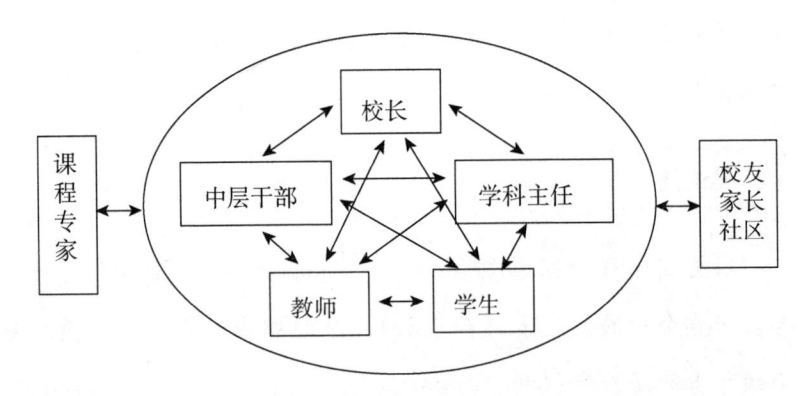

图 2-2　学校课程领导共同体组成

学校课程领导共同体是学校课程相关人员参与学校课程领导的一个平台，其构建是一项复杂的工程，学校课程领导需要课程相关人员的积极参与，提高各主体成员的课程领导力，从而实现学生、教师的成长和学校的特色发展。只有全员的全程参与，充分表达自己的意愿，发挥自己的能力，积极构建学校课程领导共同体的共同领导，才能真正发挥学校课程育人载体的作用。

理解四　课程领导者角色

基于学校课程领导共同体的课程领导团队，分别在学校课程建设中承担不同的任务。

1. 学校管理人员作为学校课程领导者——引领者与监控者

学校管理人员在学校内部处于行政主导地位，在制度层面上自然是学校课程领导主体，引领学校课程改革。学校管理人员主要指校长、副校长及中层干部。

◆校长：从国内外众多的研究成果中都可以证明校长的课程领导角色是毋庸置疑的。美国学者李（Lee）、伯克（Bryk）、史密斯（Smith）等人在1993年指出，即使在最佳的教师领导模式中，也必须靠校长不断地提供必需的领导，才可能发挥最大的效用。Hord & Hall 也曾经总结说，校长所发挥的强有力的领导，是决定课程领导成效的关键。校长们采取主动积极的领导风格，是有效课程实施得以保证的重要原因。裴娣娜说："真正优秀的校长一定是有能力领导教师团队创造性实施国家课程计划，开发和整合教育资源建设校本课程，并做好学校课程实施以及组织学校课程实践的决策、引领和控制。"[10]

陈伯璋指出校长课程领导的五项任务：学校任务与愿景的建立；学校组织运作的沟通与执行；支援系统的统筹与运用；课程管理与发展的策略；学校优质课程文化的塑造。[11]

◆副校长及中层干部：一般既担任学校的领导管理工作，又作为一线教师参与具体的课程与教学实践。作为学校课程领导主体，他们是学校课程愿景设定者和推行者，在学校课程领导主体系统中充当协调人。而且，他们一般是校内公认资深教师，在学校课程领导过程中发挥榜样和示范作用。

在学校课程建设中，学校管理人员是学校课程建设的建构者和课程实践的引领者及监督者。负责学校课程的顶层设计，含校本的课程建设目标、课程结构设计、课程实施策略、课程评价设计等。

2. 学科主任（教研组长、学科骨干）作为课程领导者——策划者与组织者

1998年，英国教育与就业部（Department for Education and Employment, DfEE）下设的师资培训局（Teacher Training Agency, TTA）公布了《学科领导标准》（the Standards for Subject Learder），希望学科领导者通过专业发展，在学科的策略方向和发展、教学和学习、领导和管理教职员工以及有效率和效能地运用教职员工与资源四个方面产生实质性的影响，做变革的代理人。[12] 可见，学科领导在学校课程实践中发挥着积极的作用。

在我国新课程改革背景下，学科课程在具体学校环境中的实施，需要学科主任带领学科骨干形成学科课程开发团队，在学校课程结构（课程文化）引领下，根据具体环境整合、开发实践。他们是学科课程实践的组织者和策划者。

3. 教师作为学校课程领导者——研究者与实施者

教师是学校课程改革的一线执行者和实施者，在学校课程发展中具有决定性的作用。"作为反思型的教学者，教师是促进学校课程发展的最理想的课程研究人员"[13]，因此，教师是学校课程领导的主体之一，应将学校课程领导的理念与策略运用到具体的教学情境中。

什么是教师课程领导？谭为任从发展学校本位课程角度定义教师的课程领导为："教师以其专业能力，透过对学校、社区地方和家长的了解，影响学校行政运作，并在教师团队中发挥其教师特质，以求得塑造出大家的共同教育愿景和发展学校本位的课程，指引学生的学习以达到基于改革之要求"。[14] 徐超圣和杨美惠把教师课程领导定义为："教师超越'仅是一位教师'的定位，担任教师课程领导者，以平等、合作、

分享的领导方式,将课程领导视为一种交互影响的历程,透过相互探讨、探索与学习,建立具有合作机制的专业团队,共同发展课程目标与计划、实施与评鉴课程。其目的在革新课程发展的历程、促进教师合作及提升学生学习品质。"[15]

总的说来,教师课程领导应包含两方面的内涵,一方面教师在班级层面,充分发挥其自主权,"从若干个方向运用个别的、团队或整个学科的方式将课程加以运作,拟定全年的教学活动行事历,拟定各单元的计划,充实课程与补救教学,定期进行课程评鉴"[16]。另一方面,在教师群体中带领教师共同向前,以平等、合作、分享的领导方式,共同对学校的课程进行决策,从而实现课程发展的目标。[17]

可以说,教师课程领导的提出具有深远的意义:第一,教师课程领导是教师专业发展的标志,是教师自我发展的需要;第二,教师课程领导是学校领导文化转型的标志,是从顺从文化走向互动文化的需要;第三,教师课程领导是课程实施从忠实取向走向创生取向的标志,是新课程实施的需要;第四,教师课程领导是校本研训的标志,是教师生活世界与生命经验分享与交流的需要;第五,教师课程领导是学科教师与学校教学领导进行必要沟通的需要。[18]

综合上述学者观点,教师作为学校课程领导者,在课程决策过程中,他们有权利和其他课程利益主体一起审议制定学校的课程发展计划。在课程实施过程中,教师根据自己的课程哲学和对课程改革的理解,从自己独特的专业感知和学生的现状出发,选择、理解、加工、反思课程内容,将感知的课程与学生分享,与学生一起完成意义建构,并给出适当的评价。教师不再仅仅被看作"课程实施者",从某种意义上说,更是"课程发展的研究者、参与者和执行者"。

4. 学生作为学校课程领导者——参与者与实践者

在课程领导的实践中，学生一直以来没有得到真正的重视，尽管我们都承认学校教育的首要任务是促进学生发展，但学生仍然只是被当作课程领导的对象，很少有人去了解和倾听学生对课程领导的感受和意见，更不会在学校课程领导过程中采纳学生的建议。正如富兰指出的那样，"当成人考虑到学生时，他们把学生当作变革的潜在受益者，而很少将学生视为变革过程与学校组织的参与者"[19]。

桑克森（Thorkildsne T）的研究表明，即使是很小的儿童也对课堂公平、学生评价等学校生活的重要方面有着比较成熟的看法，这些看法会极大地影响学生的学习动机。[20]另外，在高德曼和纽曼（Goldmna Ncwmna）的"优质学生领导计划"（quality student leadership project）中，研究者和学校人员通过给中学生赋权、改革学校组织结构等手段，使学生自己组织、管理和评定学校的变革活动，从而在学校改善中发挥领导作用。这一计划取得了良好的效果。[21]

由此可见，学生是有能力参与课程领导的，我们不能因为低估了学生的能力而将学生排除在课程领导共同体之外，而是要充分尊重学生，将学生作为一个平等的主体，积极听取学生的意见，充分发挥学生在课程领导共同体中应有的作用。

5. 课程专家作为学校课程领导者——指导者与协调者

课程专家长期从事课程理论研究，掌握了丰富的课程理论知识。因此，课程专家可以为学校课程改革提供理论支持，指导学校成员更加有效地推进课程改革，帮助教师把学校的课程资源从零散的经验上升为系统的理论，以更好地指导课程实践。课程专家也可以帮助学校形成自身独特的学校哲学，提升学校的课程执行力，推动学校的课程发展，形成一定的办学特色。除此之外，课程专家还可以帮助学校协调与校外课程改革的发起者和推行者的关系，营造良好的学校课程领导氛围，从而推动课程改革的进展。从这个意义上说，课程专家应当是学校课程领导主体之一。

6. 家长与社区人员作为学校课程领导者——参与者与支持者

西方国家比较重视家长参与教育管理，有些国家还纳入了宪法。如德国法律明确规定，家长代表既可参加学校一级的管理，又可参加州一级教育行政委员会，有的州如黑森州，甚至在《宪法》中明确规定，在没有家长参与的情况下，学校制定的课程计划无效。[22]

早在20世纪60年代，美国学者奥森就尖锐地指出，学校不应是游离于社区之外的文化孤岛，它应主动与社区架构各种桥梁，致力于解决社区的问题。[23]为深入贯彻《国务院关于基础教育改革与发展的决定》，2003年中国基础教育工作会议提出："要探索建立现代中小学管理制度，建立以政府为主，社会各界共同参与的学校发展、管理与监督机制，鼓励社区、家长参与的学校管理，形成社区积极支持基础教育改革和发展、积极参与学校管理与监督的模式。"

由此可见，让家长和社区人员参与课程领导既符合国际教育的发展潮流，也符合我国教育政策的发展方向。家长和社区人员参与学校课程领导，能够不断密切家庭、学校与社区的关系，有利于将家校资源与社区资源进行有机整合，这既能够使学校各项工作的开展得到家长、社区的有力支持，促进学校特色的形成，又能够不断提升社区的文化氛围，形成良性循环，为学校的发展创造良好的生存环境。

总之，课程领导需要依靠团队中每个成员在平等基础上的参与和讨论，以共同的目标为核心展开合作，权利共享。在课程决策的过程中，不同的参与者代表了不同的利益群体,他们的权力运作实际上是其所代表的利益群体的声音在课程决策中的反映。[24]

课程领导的过程,应该是一个组织成员围绕着课程发展问题的互动过程,是一个持续变化、充满活力的发展过程。课程领导更注重课程权力的共享和集权与分权的均衡。只有各级课程领导主体不断明确职责和任务,提升各自课程领导力,才能使学校课程建设更加符合学校实际,为学生可持续发展搭建平台。

参考文献

[1] 吕达. 中国近代课程史论 [M]. 北京:人民教育出版社,1994:1.

[2] 丛立新. 课程论问题 [M]. 北京:教育科学出版社,2000:2-3.

[3] 钟启泉,崔允漷,张华. 为了中华民族的复兴,为了每位学生的发展——《基础教育课程改革纲要(试行)》解读 [M]. 上海:华东师范大学出版社,2001.

[4] 吴清山,林天佑. 教育名词:课程领导 [J]. 教育资料与研究分,2001(1).

[5] 郑先俐,靳玉乐. 论课程领导与学校角色转变 [J]. 河北师范大学学报(教育科学版),2004(3).

[6] 黄显华,林一钢. 课程领导内涵解析 [J]. 全球教育展望,2005(6).

[7] 杨明全. 试论中小学校长的课程领导 [J]. 河南教育,2002(11).

[8] 黄显华, 朱嘉颖, 等. 课程领导与校本课程发展［M］. 北京: 教育科学出版社, 2005: 7.

[9] 李定仁, 段兆兵. 试论课程领导与课程发展［J］. 课程·教材·教法, 2004, 24 (2).

[10] 张贵勇. 课改如何顺利走过深水区［J］. 基础教育论坛, 2013 (35).

[11] 陈伯璋. 实践智慧与校长课程［D］. 兰州: 第五届两岸三地课程理论研讨会, 2003.

[12] TTA. National standards for subject leaders［M］. London: TTA, 1998.

[13] 钟启泉, 岳德刚. 学校层面的课程领导: 内涵、权限、责任和困境［J］. 全球教育展望, 2006 (3).

[14] 谭为任. 学校本位课程发展之课程领导研究［D］. 嘉义 (台湾): 中正大学, 2004.

[15] 徐超圣, 杨美惠. 落实课程改革的关键——谈教师的课程领导［J］. 国民教育, 2005 (4).

[16]［美］格拉索恩. 校长的课程领导［M］. 单文经, 等译. 上海: 华东师范大学出版社, 2003: 22.

[17] 郑东辉. 教师课程领导的角色与任务探析［J］. 课程·教材·教法, 2007 (4).

[18] 许占权. 论教师的课程领导［J］. 中小学教师培训, 2006 (11).

[19] Fullan M. The New meaning of Educational Change［M］. New York. Teachers College press, 2001.

[20] Thorkildsen T. What is Fair? Children's Critique of Practice that Influence Motivation [J]. Journal of Educational Psychology. 1994.

[21] Gotdman G, Newman J B. Empowering Students to transform School [M]. CA: Corwin Press, Inc., 1998.

[22] 蒋有慧,曾晓燕. 家长参与管理——西方国家基础教育改革的新动向 [J]. 江西教育科研, 2000 (5).

[23] 李小红. 农村社区参与学校发展计划研究——以甘肃省临夏回族自治州东乡县为例 [D]. 兰州:西北师范大学, 2005.

[24] 杨明全. 革新的课程实践者——教师参与课程变革研究 [M]. 上海:上海科技教育出版社, 2003.

03　厘清学校课程领导任务清单

在义务教育课程改革背景下，在清晰学校课程领导共同体的课程领导职责下，厘清学校课程领导的任务清单至关重要。作为学校课程领导主体，能否根据国家政策的变化及学校课程领导的内涵、使命，不断审视学校课程建设的问题，并不断完善学校的课程体系建设，使之更加符合国家立德树人根本要求，符合学校发展实际。

任务一　成立学校课程领导共同体

越来越多的课程理论与实践专家强调学校课程领导共同体在学校的课程领导作用。学校中的任何人员只要发挥了课程领导的功能，他（她）就是课程领导者，尽管他（她）并没有担任任何行政职务。[1]

一、组建学校课程领导共同体

学校课程领导共同体是学校课程相关人员参与学校课程领导的一个平台，其构建是一项复杂的工程，学校课程领导需要课程相关人员的积极参与，提高各主体成员的课程领导力，从而实现学生、教师的成长和学校的特色发展。只有全员的全程参与，充分表达自己的意愿，发挥自己的能力，积极构建学校课程领导共同体的共同领导，才能真正发挥学校课程育人载体的作用（如图3-1）。

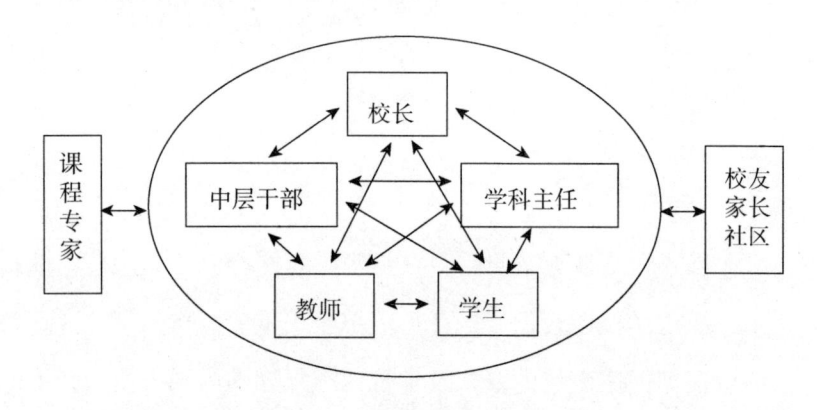

图3-1 学校课程领导共同体组成

学校课程领导共同体的独特之处在于它运行于学校的各个层面，有时课程领导运行于正式的机构，比如肩负领导课程发展过程的校长或者校长指派的专门行政领导人员。有时，则是教师被邀请来做课程领导者。还有时社区、家长、校友、课程专家都被邀请来做学校课程领导。课程领导者的角色就是在课程发展过程中提供专家的见解。

在学校课程建设过程中，学校通过建构课程领导共同体这样一个团队，并分别发挥各自层面课程领导主体的积极作用，共同领导学校的课程发展和课程改革。走向课程领导者共同体成为学校领导的一种追求。

二、课程领导共同体建构行动

1. 提高课程领导主体的课程意识

在传统的课程管理理念下，学校课程领导主体的课程领导意识淡薄，未能深刻体验参与学校课程领导对自身的意义。教师、学生、社区人员、家长、校友等视学校课程领导为学校管理者的职责；学校管理人员和课程专家即使具备课程领导的能力，也往往受制于行政主导的学校管理模式而未能有效地实施课程领导。这样，学校课程领导就被简单化为学校行政领导。学校管理人员以行政管理为主，忽视自身所具备的学校课程领导的其他作用。教师主要关注课程实施，并且带有明显的"忠实取向"。学生只是学习课程内容，即使有异议也很少明确提出质疑。社区人员和家长主要关心学校的绩效和升学率，很少质疑课程对学生发展的意义。课程专家未能经常深入学校了解一线的情况和变化，对学校课程改革提出的建议有时与学校实际不相符合。

唤醒课程领导意识，就是要增强学校课程领导的实现学校课程愿景的价值认同。各领导主体要深刻理解参与学校课程领导的意义，认同自己的学校课程领导主体角色，激发自身的课程领导意识，增强课程领导能力，结合学校的实际情况开展课程领导实践，打造学校课程领导共同体。

2. 提升课程领导主体的素质及课程领导力

要有效参与课程领导，学校课程领导主体必须具备多方面的能力，包括高尚的职业道德、扎实的专业技能、有效的沟通协调能力、良好的创新能力等。教师的专业技能是决定学校课程改革能否取得实效的关键因素之一，学校就应该探索提高教师专业技能的多种途径，使教师能够积极地参与课程领导。

中层干部属于领导型教师，但是他们往往将注意力放在校务上，忽视了课程与教学，不能完全发挥专业表率作用。所以，中层干部"必须肩负带领教学改进的专业领导角色。一切的考虑需要从学校的整体发

41

展着眼,从学生的整体学习利益出发"[2],使校务工作的开展以促进课程与教学的发展为出发点。值得一提的是,香港地区认为学校中层领导(主要指课程主任)的主要职责包括:协助校长统筹全校的课程策划工作;辅助校长策划和统筹校内各项评估政策;领导教师/专业人员改善全校教与学的策略和评估工作;推广专业交流的文化,并与其他学校联系;负责适量的教学工作。[3] 这种职能设置很有参考价值,也要求中层领导必须具备较高的综合素质,才有能力参与学校的课程领导。

3. 整合课程领导主体,形成课程领导共同体

在新课程实践过程中,单一的学校课程领导主体很难将改革推展开来。必须把学校管理人员、教师、学生、课程专家、社区人员、校友和家长等整合起来,形成学校课程领导共同体,群策群力,共同领导学校的课程发展与课程改革。

学校课程领导共同体应该是一个开放、民主、合作的团队,其成员共享学校课程领导的权力,承担相应的职责,发挥各自的主体性,通过相互间积极主动的交流与沟通发挥整体的团队效应,从而更加有效地实现学校的课程愿景。

4. 构建课程领导共同体课程领导的氛围

学校课程领导共同体在课程发展的不同阶段,分别起着不同的作用。课程领导共同体之间倡导怎样的文化,影响其在课程建设与实践中发挥的作用。

新课程改革要求实施国家、地方、学校三级课程管理体制,这使学校不仅具有课程实施的权力,而且具有了一定的课程决策、开发、评价等权力。学校正在从一个课程执行机构转变为课程领导机构,成为以民主与合作为特征的课程领导共同体,从而营造学校课程领导主体积极参

与学校课程领导的良好氛围。

构建学习型组织需要通过五项修炼：自我超越、改善心智模式、建立共同愿景、团队学习、系统思考[4]。对学校来说，学校课程领导主体首先必须建立共同的符合学校育人哲学的课程愿景，使学校内部每个成员的发展目标与之相一致；每位成员充分发挥自身的主体性、能动性和创造性，不断激发自身潜能，超越自我，不断提升；改变以往被动的、外部强加的思维模式，形成主动的、内部自发的思维模式，努力提升自身课程领导能力；要通过全员学习、全程学习和终身学习克服自我封闭、防备式的学习方式，养成开放、合作的团队学习方式，实现共同进步；要以开放的心态，从整体角度思考学校的课程与教学改革。

总之，通过构建学校课程领导共同体，提升学校课程领导的整体水平。

任务二　诊断学校课程资源优劣势

实施学校课程领导的第一项重要任务就是阶段性诊断学校课程资源及学校课程建设现状与学校课程建设愿景的对标。

首先，通过问卷与访谈的形式，了解教师、家长和社区人士对学校课程的期望与看法；其次，通过问卷等多种调研形式着重对学生需要进行评估；最后，对学校教师队伍课程开发与实施能力进行评估；在综合调研的基础上，对信息加以分析整理，进行学校发展情境的SWOT分析。通过学校情境发展的SWOT分析，对学校课程领导任务的起点或者课程调整有了基本的初步了解。这对推进学校课程领导有了最基本的保障。

笔者结合自己的办学，在北京市第八十中学温榆河分校成立伊始，对学校课程资源进行SWOT分析：

表3-1 八十中学温榆河分校课程资源SWOT分析表

因素	S（优势）	W（劣势）	O（机会点）	T（威胁点）
学校规模	由过去的九年一贯制学校整合、拆分为初中学段	长期管理落后，没有自己的小学	成为八十教育集团	教育落差
地理环境	周边遍布哈罗、京西、北京法国、启明星双语等知名国际学校资源	学校位于北京市朝阳区城乡接合部、北京市疏解整治促提升的关键地段，周边环境因拆迁、施工而混乱	地处中关村电子城北扩区域，阿里巴巴总部	区域转型，改变区域教育生态任务艰巨
硬件设备		学校多次整合，硬件设备极其落后，几近瘫痪	朝阳区一校一策战略改进	
教师资源	农村学校教师勤奋、朴实、认真	大部分教师原始学历层次低；骨干教师、高级教师比例低；教师专业化能力不足；教师课程教学仪式单一	八十集团研训一体	部分教师跟不上时代的要求
行政人员	八十集团管理一体，派管理团队传文化、传技能	地方干部选拔、培育难度	八十集团管理一体	

44

续表

因素	S（优势）	W（劣势）	O（机会点）	T（威胁点）
学生家长	大部分非京籍学生及家长朴实、善良、有爱	非京籍学生流动性大，问题多。家长文化程度不高、就业压力大，家庭教育缺失	国家限制性正常	生源改变艰难
地方资源	崔各庄乡资源丰富，特别是艺术资源、国际化资源	疏解整治，环境及交通混乱	科技规划，地域转型	改变营商环境任务重

任务三　厘清学校办学的教育哲学

课程是学校育人的载体，学校课程建设与实施必须有学校办学的清晰指向。厘清学校办学的教育哲学即成为课程领导的头等任务。一所学校的办学教育哲学，在我理解是一所学校的文化。而对办学进行教育哲学思考的最终目的是使文化成为开发生命潜能并具有生命意义的一种力量。它不但能凸显学校的主体性，激发办学活力，唤醒教育活动中的每一个生命。

那么如何系统建构学校的文化呢？

天津实验中学张红校长指出，一所学校的文化主要由教育理念、教育内容、教育制度、教育行为以及所培育的人的素质等几部分构成。[1]她认为，在构成学校文化框架的诸因素中，教育理念起着导向、渗透及统领全局的作用，是学校文化的灵魂。她的学校——天津实验中学学校文化建构的主要内容有：办学使命、办学愿景、价值追求、办学精神、学生培育目标等。

笔者结合自己的办学，在北京市第八十中学温榆河分校成立伊始，结合北京市中小学文化建设示范校创办，系统构建学校文化体系模型，如下图：

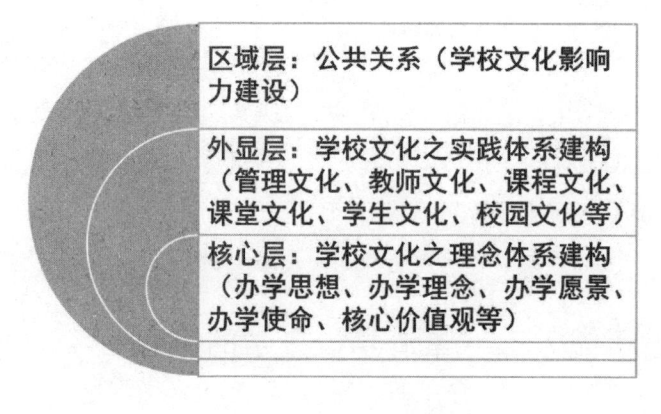

区域层：公共关系（学校文化影响力建设）

外显层：学校文化之实践体系建构（管理文化、教师文化、课程文化、课堂文化、学生文化、校园文化等）

核心层：学校文化之理念体系建构（办学思想、办学理念、办学愿景、办学使命、核心价值观等）

图3-2 学校文化系统建构图

其中学校文化体系模型的核心层，即学校的理念文化，也就是学校教育哲学思考。学校理念文化内涵表达如下：

※办学思想：一人一天地，一木一自然，让生命因教育而精彩；

※办学理念：以人为本、和谐发展、遵循规律、追求卓越；

※办学愿景：将学校创办成师生生命绽放的乐园（生命绽放）；

※核心价值观：尊重为尚、信任为先、创造为力、发生为本；

※办学策略：文化铸魂、课程立校；

※育人目标：培养基于"礼、善、真、勤、品、毅"六大品格的具有独立自信的内在气质、端庄优雅的外在举止的现代绅士、淑女。

礼：明礼守法 秉行正义
善：爱己及人 心怀感恩
真：科学严谨 求真务实 → 端庄优雅
勤：勤学善思 身体力行　　独立自信
品：涵泳浸润 志趣高雅 ↓
毅：坚毅果敢 自强不息　现代绅士和淑女

（德育符号）

课程在整个学校教育中居于核心地位，它是实现教育目标的重要途径，是组织教育教学活动的重要依据，是集中体现和反映学校教育哲学的，进而逐步形成学校的课程观。

任务四　学校课程建设的顶层设计

学校课程建设的顶层设计是学校办学哲学的直接反映，是学校全体教职员工实施课程的依据。学校课程建设顶层设计的核心是学校课程建设目标及学校课程结构的设计。

学校课程建设目标是学校依据学校办学哲学，围绕学校育人目标对学校课程建设愿景、学生课程学习体验进行清晰的描述。

学校课程结构是学校课程目标转化为教育成果的纽带，是课程实施活动顺利开展的依据。课程结构是学校课程各部分的整合和组织，它是课程体系的骨架，体现出一定的课程理念和课程设置的价值取向。学校课程结构是学校育人目标的直接反映，统领着整个学校课程的变革，体现着学校的课程文化。

案例一：新加坡快捷课程结构设计

图 3-3　新加坡快捷课程结构

注：CCA：课程辅助活动；CIP：社区服务计划；CME：公民与道德教育；PCCG：生活与职业辅导；NE：国民教育；PE：体育；PW：专题作业。

内圈的核心部分涵盖生活技能的培养，包括非学术性课程，如CCA、CIP、CME、PCCG、NE、PE。这部分课程的设置确保学生具备终身受用的良好价值观和生活技能，最终成为富有责任感、积极和充满干劲的公民。

中圈部分包括一些以学习技能为主的课程，如专题作业PW，目的在于培养学生的思考技能、处理问题的能力以及沟通技能，这使学生能够根据分析与应用资料，同时能够清楚、有效地表达自己的想法和意见。

外圈部分包括以学习内容为基础的知识性学科课程（Content-based subject），如语文、人文科目、艺术、数学以及科学，它将确保学生具备不同学科的基础知识。

新加坡用同心圆型课程结构清晰地表达了快捷课程三大组成部分，而一次排列的顺序也同样清晰地表达了新加坡课程价值取向。

案例二：杭州二中的课程结构设计

杭州二中的学校课程以国家课程为核心课程，形成学校课程体系的主体，以"智慧成长"为目标的学术活动课程和以"人格成长"为目标的社会活动课程为两翼。该课程结构也具有清晰的价值取向，三大类课程助推育人目标的实现。

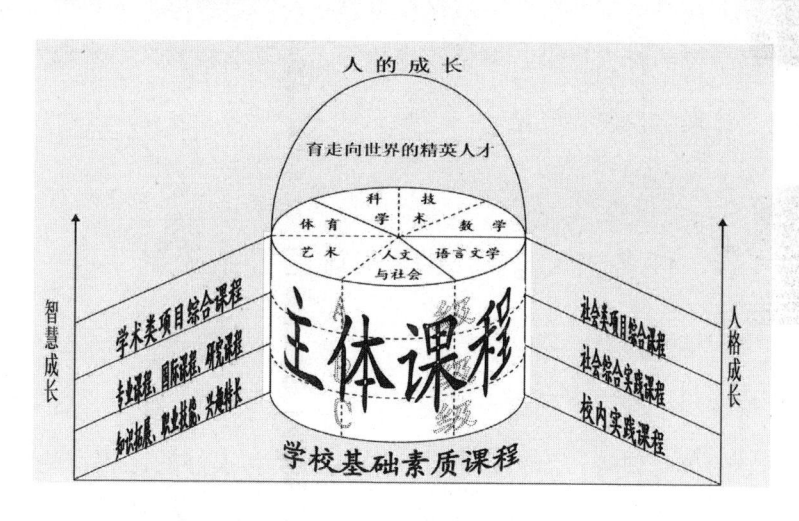

图3-4 杭州二中课程结构图

案例三：清华附中课程结构

清华附中以核心课程（对国家课程的重构）为中心，整合了学校新设的综合课程、领导力课程和学生自创课程，形成立体的课程体系。整个课程具有选择性、层次化、综合性、特色化和体系化的特点。

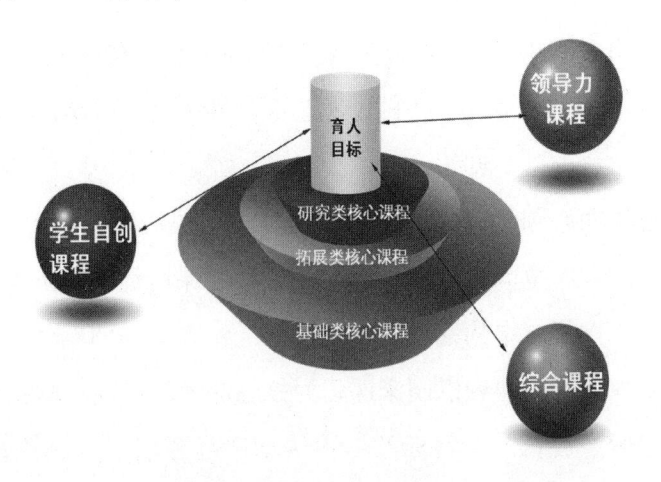

图 3-5　清华附中课程结构

由以上几所学校的课程结构设计案例，可以清楚地了解，每所学校都是根据学校的育人哲学，考虑教育政策，凸显学校哲学思考和课程价值取向，体现学校课程文化。

任务五　学校课程实施路径的设计

学校课程结构直接反映学校的育人哲学和学校办学愿景，这是学校课程领导的核心任务。而再好的课程结构，没有很好的课程实施路径，也是空有理念，而不能使广大师生受益，更形不成学校的特色。

实施路径一：根据学校课程目标及学校课程结构，编制学校学科课程建设方案

学科课程建设方案对本学科当前课程水平现状进行诊断，对学科核心主题，学科课程建设基本思路，学科课程目标、结构及内容设计，学科课程教与学策略等进行系统研究，形成学校学科课程方案，学科教师

进行推进实施。

实施路径二：推动以学生学习为中心的课程表

虽然很多学校将课表的安排视为"技术性"工作，但是，课表实际上是学校效能的一个重要表现，是学校资源分配的机制，是全校正常运转的指挥棒，在学校高品质课程实施上扮演着重要的角色。

1. 以学习为中心的课表的性质

Allan A. Glatthorn《校长的课程领导》中提出：以学习为中心的课表性质[5]：

※课表应将学习时间做最大的应用。课表反映出课程的优先事项，并且将学生的学习需求给予最高的优先性。行政人员及教师应共同合作维护教学时间的最佳应用。

※课表应能促进教师的专业发展，使教师有时间能够共同计划，并且使他们能够共同合作以促进专业发展。

※课表应反映对学生分组的做法，而不会将学生标签化，以便能给予全体学生接受高品质课程的选择机会，并且提高学生的学习成就。

※课表应给予教师适于教学的环境。将教师分配到他们专长的领域。在可能的情形之下，能考虑教师即将胜任学科的数目及其类型的偏好，以及对教室安排的喜好。

※课表应具有弹性而且也应是学习导向的。时间应该是根据学习的需要而加以组织的，而不应该让学习受到严格时间架构的限制。

※课表应该对学生及教师的需求加以回应。

2. 编拟以学生学习为中心的课表

学校要如何设计一个更能以学习为中心的课表？如何设计一个更能体现学校课程结构实现高品质课程实施的课程表？

※为以学习为中心的课表而集体行动：学校课程领导共同体要集体研究制定以学习为中心的课表的各种问题及限制，共同研究学校课程愿景如何通过设计课表和年级学习方案设计而达成。

※根据国家、地方课程设置方案，校本分派时间、空间给各学科以方便最大限度地实现学生优质学习。同时配合学生和教师的个人需要以及教师专业发展的需求。

实施路径三：从校长课程领导到教师课程领导——基于学科素养的单元整合设计与实施

2014年教育部颁布了《关于全面深化课程改革落实立德树人根本任务的意见》，文件深入回答了"培养什么人，如何培养人"的问题，并提出将"学生发展核心素养体系"的研制与构建作为着实推进课程改革深化发展的关键环节，以此来推动教育发展。

为了促进学生核心素养的形成和培育，构建"核心素养背景下的学科单元课程整合设计"的课程建设发展策略，引领学科组教师进行基于学生发展核心素养，构建融合目标、过程与方法、评价为一体的核心素养落地研究与实践。

单元是围绕课程目标，对教学内容进行整合、重组和优化形成系统。单元教学设计，是指教师基于课程标准，以培养学生的学科核心素养为目标，在对教学内容进行深入解读和剖析的基础上，针对学生的学习情况和特点，对教学内容整合、重组和优化形成的系统的教学方案设计。单元教学设计及单元教学，基于落实核心素养的现实问题具有独特的教育价值和意义。

实施路径四：核心素养引领学科课堂教学实践探索

《基础教育课程改革纲要（试行）》中规定：国家课程标准是教材

编写、教学、评估和考试命题的依据，是国家管理和评价课程的基础。但实践一线的学科课堂教学因学校、教师观念问题，大多基于教师经验的教学实践、基于教科书的教学实践，笔者对新课程下的学科课堂教学有如下思考。

1. 倡导基于课程标准的学科教学

崔允漷（2009）在《课程实施的新取向：基于课程标准的教学》中谈到，基于课程标准的教学要求教师"像专家一样"整体地思考标准、教材、教学与评价的一致性，并在自己的专业权力范围内做出正确的课程决定。[6]教师深刻理解课程标准，把握学生经验及学习期待，将课程标准、核心素养具体化为每一堂课的教学三维目标，并据此来确定教学内容，选择教与学方式，设计评价标准。

2. 回归教学原点（本质），倡导生命课堂的建构

从某种意义上讲，课堂教学源于学生的生活世界，学生的生活世界是课堂教学的源头活水。对于学生而言，课堂教学是一种特殊的生活方式，是课堂教学引导下的个人生活不断展开和提升的过程。

教育部课程教材研究所副研究员、教育学博士张天宝在《优化课堂教学：教师发展、伙伴协作与专业学习共同体》中说，课堂教学在本质上是一种以学生的现实生活为基础、以提升他们的生活意义和生命价值为旨归的特殊的生活实践过程。关注学生的生活世界，赋予课堂教学以生活意义和生命价值，促进学生在生活质量、生活品位、生活格调上的提升，是当代课堂教学改革的重要特征。

为此，学科教学实践倡导教师要用心灵教书、用心关注学生生活经验，创设体验式学习，贴近学生的现实生活世界，构建生命的课堂，赋予课堂教学以生活意义和生命价值，使学生学会学习，更要学会美好的

生活，从而使学生真正成为学习活动的主体、个人生活的主体和社会生活的主体。

3. 倡导"课堂学习共同体"的教学实践

佐藤学教授在《静悄悄的革命：创造活动、合作、反思的综合学习课程》一书中谈到，"21世纪的学校是'学习共同体的学校'"，教学过程是"一个非常个人化的过程，同时又是一个建设相互影响的社会关系的过程"。[7]在新课程改革背景下，在学科课堂教学中倡导"课堂学习共同体"的教学实践，建构一种师生"沟通、合作"的新型课堂教学生活世界。创设一种贴近学生生活经验的、学生主动参与的、尊重学生个性的参与型教学环境。

美国学者帕克·帕尔默在《教学勇气——漫步教师的心灵》中谈道：教学就是要开创一个实践真正的共同体的空间。他否定教师中心论、学生中心论而谈主体中心论。新课程倡导把握"教师主导与学生主体"，把学生作为教学沟通与活动的主体，使之成为学习的主体，教师通过与学生的沟通和活动展开指导。

总之，根据学校课程建设的顶层设计，课程领导共同体积极研究探索课程实施路径，确保学校高品质课程实施质量，让学校师生都有最大的获得感。

参考文献

[1] 于泽元. 课程变革与学校课程领导［M］. 重庆：重庆大学出版社，2006.

[2] 黄显华，朱嘉颖. 课程领导与校本课程发展［M］. 北京：教育科学出版社，2005：104.

［3］黄显华，朱嘉颖．课程领导与校本课程发展［M］．北京：教育科学出版社，2005：111．

［4］Senge P M. The Fifth Discipline：The Art and Practice of the Learning Organization［M］. New York：Bantem Books, 1990：62.

［5］Allan A. Glatthorn. 校长的课程领导［M］．单文经，等译．上海：华东师范大学出版社，2003．

［6］崔允漷．课程实施的新取向：基于课程标准的教学［J］．教育研究，2009（1）．

［7］钟启泉．对话与文本：教学规范的转型［J］．教育研究，2001（3）．

中篇 02

实践纪实篇

04 学校"课程领导"顶层设计

在义务教育课程改革背景下，在清晰学校课程领导任务理论层面基础之上，要在基于学校现状、学校办学理性思考基础上，对学校课程领导实践—学校课程建设进行顶层设计，提升各级课程领导力，以推进学校课程顶层设计落地生根，以达成学生、教师、学校不同层面的卓越发展。

学校发展背景

北京市第八十中学温榆河分校前身是北京市温榆河双语实验学校。该校 2007 年 07 月，由北京市孙河中学、北京市崔各庄中学、崔各庄中心小学合并成；2009 年 07 月又合并了孙河、康营、北甸小学，成为九年一贯制学校。2012 年 7 月，依托朝阳区"城乡学校发展共同体"项目，原北京市温榆河双语实验学校成为八十中学教育集团成员校，正式更名为北京市第八十中学实验学校温榆河分校（初中）和康营分校（小学）。2019 年，北京市第八十中学实验学校温榆河分校更名为北京市第八十中学温榆河分校（全书简称"八十温榆河分校"），学校确定新背景下的办学使命是：为农村进城务工者子女提供优质教育资源，促进教育均衡；传承、贯彻八十中学办学思想，将八十中学办学的精神内涵转变为教师的教育教学行为；进行课程改革探索实验，实施素质教育。

2012年成为八十集团分校的情况如下：

※校情分析：学校位于朝阳区崔各庄乡崔各庄村北（朝阳区五环外东北角），建筑面积10234.44m^2，占地面积16313.14m^2，于2005年建成交付使用，是位于朝阳区崔各庄乡城乡接合部的一所薄弱公立初中。学校所处社区居民除马南里社区相对稳定以外，其余流动性人口居多，处于北京市疏解整治关键区域，因此，学校所处社区的人文环境相对薄弱。

※学情分析：学校生源90%以上为外地来京打工子弟，孩子们来自全国各地，有着不一样的地域背景，为人善良淳朴，对知识充满好奇与渴望，但由于长期远离家乡，家长疏于管教，学生的学习习惯较差，基础知识薄弱，学习能力参差不齐。学生家庭多为多子家庭，有的甚至有五个兄弟姐妹，部分家庭出现父母离异的现象。家长的工作多为保洁员、批发市场个体户、建材销售人员、建筑工人等社会中下层劳动人员，他们对孩子的发展缺乏规划，目标不明确，有的甚至希望能有初中毕业证书即可，多数家长希望孩子最终走向职业学校能够学一技之长，以此立足社会。只有很少一部分家庭希望孩子能够继续学习，升入高中，这部分孩子多数会在初二年级将学籍转回家乡。学校少有的本地学生家庭多为当地的拆迁户，对学习的意愿不高。

※师资情况分析：当时学校教职工66人。男教职工17人，占25.8%；女职工49人，占74.2%。45岁以上教师15人，占22.7%；35—45岁教师25人，占37.9%；35岁以下教师29人，占43.9%。高

级职称 11 人，占 16.7%。区级骨干教师 1 人，区级优秀青年教师 2 人，占 4.5%。党员教工 33 人，占 50.0%。从学历层面看，大约有 1/3 原始学历为高中、中专、大专学历，研究生比例很小。

基于当时学校发展现状、师资及学生情况，以及八十集团促进教育均衡的使命，努力探索城乡发展共同体背景下农村学校发展方式的新途径，以北京市第八十中学的引领和辐射作用带动学校全面发展，学校抓住了"文化、课程"两个非常重要的切入点：文化铸魂、课程立校。

设计一　学校课程建设目标设计

学校课程建设目标即学校课程建设愿景，结合学校办学愿景、结合学校育人目标、结合学校课程发展期待，形成学校课程建设的总目标和具体目标。

八十温榆河分校确立的学校课程建设目标如下。

总目标：为农村初中学生提供丰富、优质、可持续发展的课程资源。通过课程整合，建立学校三级立体分层的课程自主结构；形成学科基础类、拓展延伸类、实践应用三类课程学习内容体系；使学生基础扎实，养成良好习惯；学会选择，自主提升；个性彰显，全面发展。努力培养有理想、强体魄、会学习、善合作的创新型人才！

具体目标：每名学生三年初中以"优良"成绩毕业，读 50 本好书，坚持"五个一"活动：一口流利的中英文表达；一个痴迷的研究领域，并能持续探究；一项喜爱的体育技能，并能每天坚持训练；一项艺术爱好，每天坚持演练；一项为他人服务的实践活动，获得自信与快乐。

在学校课程建设总目标中,从课程资源建设、课程自主结构、课程内容体系、学生能力培育结构都有清晰的描述。而具体目标中,对每名学生三年学校提出了具体的能力指向,从基础阅读能力、表达能力、科学探究、体育技能、艺术技能、实践服务等,为学生的课程学习、全面发展指明方向。

设计二　学校课程结构设计

学校课程结构是学校课程目标转化为教育成果的纽带,是课程实施活动顺利开展的依据。课程结构是学校课程各部分的整合和组织,它是课程体系的骨架,体现出一定的课程理念和课程设置的价值取向。学校课程结构是学校育人目标的直接反映,统领着整个学校课程的变革,体现着学校的课程文化。

一、八十温榆河分校课程总结构设计

学校课程结构坚持以"培养有理想、强体魄、会学习、善合作的创新型人才"的育人目标为课程设计的出发点和归宿,依据课程自主选择程度不同体现出三级立体分层的课程结构特点。它以面向全体学生的学科基础课程为起点,同时以学科拓展延伸类、实践应用类等选修课程呈现出丰富性和选择性,并以学生发现自己、形成个性特长的自主发展课程为高点目标设计,如图4-1。

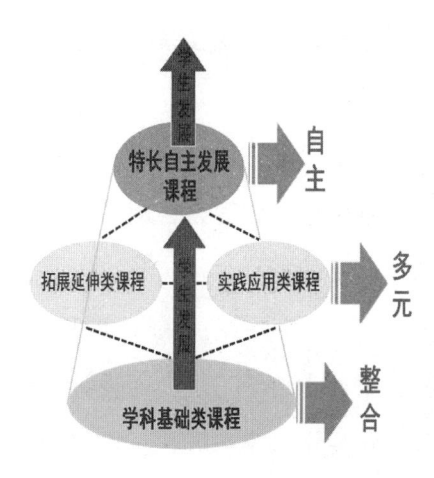

图 4-1　八十温榆河分校课程总结构

二、八十温榆河分校学科领域课程结构

学科领域课程结构，依据学校课程总结构，以转变学生学习方式，培养学生学科核心素养为目标，设计 7+3 学科课程结构，即学科基础学时的 70% 用于学科基础课程的学习，30% 学时用于学科选修、学科研究性学习、学科实践活动等，如图 4-2。

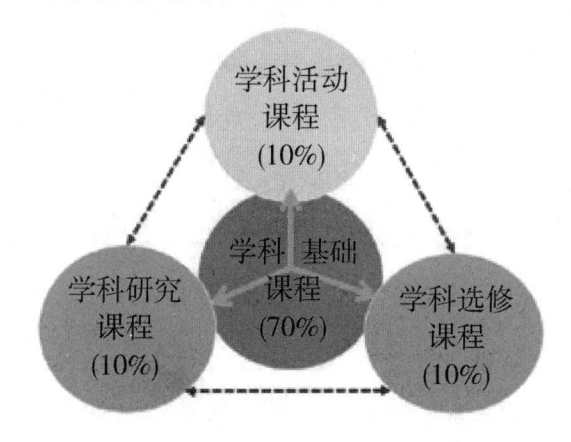

图 4-2　八十温榆河分校学科课程结构

※学科基础课程70%：此部分课程属于学科核心课程，在完成国家课程标准基础内容的前提下，结合本校学生实际和育人目标进行课程整合，应突出学科的核心概念、主干知识及思想方法，基本能力以及初中基本学习习惯的培养，强调课程内容基础性，内容整合应该是所有学生都必须学的、以后都需要的，体现少而精的特点。

※30%学科选修课程、学科研究课程、学科活动实践性课程设计，是为了满足学生对学科学习个性需要、培养学科学习能力而设计的。这就要求教师深入研究并整合学科课程，转变学科学习方式，培养学科学习能力和学科素养。

同时，学科课程及跨学科课程进行基础单元整合，提取大概念、大观念，可利用30%学时扩充研究学科PBL教学，使学科核心素养落地。

三、八十温榆河分校德育课程结构

面对日趋复杂的全球化进程和日益激烈的国际竞争形势，国家提出了"立德树人"的战略发展根本任务。八十温榆河分校为进一步落实"立德树人"根本任务，践行社会主义核心价值观，践行大课程观统领学校课程建设。大课程观也是我们的大德育观，每一节课，每一次社团活动，每一次社会实践都是德育教育。让孩子通过社会实践去感受人性真善美带给人的幸福感，让充满正能量的优秀品质得到阐发、表达、升华，最终成为孩子们的价值观、人生观、世界观，成为孩子们的人生信念。

八十温榆河分校从"品格、才华、领导力"维度构建德育课程体系。以八十中学培养目标及温榆河分校六品格培育为核心，设计德育基础课程设计（主题班会、主题活动、走进大师、升旗仪式、劳动课程、生活课程、阅读课程);以培养学生的才华与特长,即科技、艺术、体育、学科等方面的突出表现设计实践应用类课程;通过学生会、班委会以及社团社长培训培养学生的领导能力及学生的担当、沟通、协作能力,设计领导力课程,通过这三方面的合作来建构学校整体德育课程体系框架,精心设计并实践德育精品课程,通过日常基础课程促进德育课程系列化、社区服务促进德育课程内涵化、社会实践促进德育课程多样化、学生社团使得德育课程自主化,如图4-3。

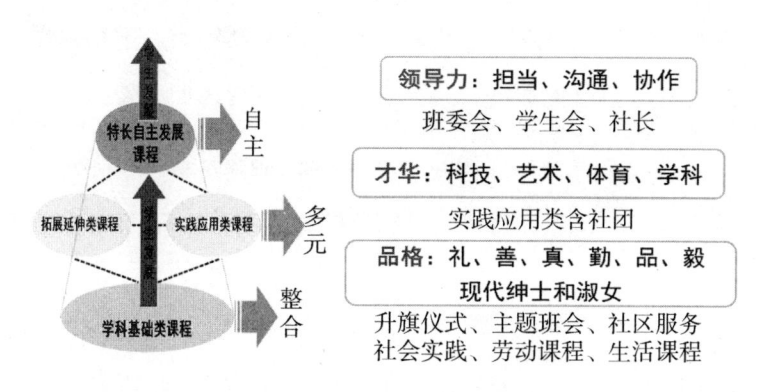

图4-3 八十温榆河分校德育课程结构

设计三 以学习为中心的排课设计

学校的课程结构深刻反映学校办学思考,必须设计以学习为中心的课程表或者排课方案以推进有效的实施。

2012年9月以来,八十温榆河分校根据学生年龄特点及认知规律,实行每日"7+1"课程结构,有效实施学校课程结构,如:

表4-1　学校"7+1"课程结构框架

类别	国家课程（学科领域）	学科探索与综合实践
课程安排	1—7节（45分钟）	拓展实践（60分钟）
课程宗旨	共同基础、全面发展	学有所长、个性发展、创新精神、实践能力
课程内容	国家课程要求内容	学科拓展、主题活动
课程实施	行政班	走班

7为每日基础必修课程，1为学科拓展延伸类、实践应用类选修。每名学生实现套餐式选课，实现每周学科拓展延伸类、学科实践应用类菜单选课，按照自己的兴趣选择课程、个性发展，如表4-2。

表4-2　"7+1"课程结构周课程安排

星期	年级	周一	周二	周三	周四	周五
前七节（45分钟）	初一年级	学科基础课程				
	初二年级					
	初三年级					
课外活动（60分钟）	初一年级	艺术各类社团活动	大师进校园项目（科技类）	体育社团活动	学科拓展类选修课、学科PBL等	年级自主课程
	初二年级	艺术各类社团活动	大师进校园项目（非遗类）	体育社团活动		年级自主课程
	初三年级	中考学科分层走班、实验探究课程、阅读写作课程				

说明：

※表4-2中，前七节课学科基础课程按照国家统一课程标准、课时安排，完成学科整合70%基础内容，面向全体学生。每日课外一小时完成30%学科拓展延伸内容。

※每个学年校长带领课程领导共同体成员进行课程设置与课程开发的学术研究。全体教师根据自己的学科领域及学生需求开发课程，并进行课程论证，课程服务处组织课程超市进行学生课程选择。

※每学期课程结束进行课程作品展示交流与评价，评选优秀课程，将优秀学生课程作品在学校文化节、学校艺术节上进行演出并表彰。

设计四　学科单元教学整合设计

作为课程目标的学科核心素养，是知识、能力和态度等综合表现，其培养不是靠一节课一蹴而就的，而是一个循序渐进的过程。"课时主义"容易把教学内容碎片化，容易导致知识的割裂，对知识的处理缺乏全局性的整体把握，不利于形成完整的知识链条和结构体系，同时也使得学科方法、学科思想观念等目标不容易落实，学科核心素养不能扎实落地。针对这些问题，基于学科本质、体现和落实学科核心素养的单元教学设计教学路径被广泛应用。

一项核心素养的培养，需要跨课时，甚至跨学期、跨年级来实现。一节课只是教学过程的"量"的基本单位，而单元才是教学过程的"质"的单位，以目标为指向的单元教学设计是落实核心素养的重要环节，"核心素养—课程目标—目标单元设计—课时教学设计"是教师落实核心素养的必要过程。[1]

这里提到的"单元"，是以某些组织内容的线索进行教学内容组织的单位，单元不局限于教材中以知识块为单位的自然单元或者章节。如果以内容内在的某一思想方法为线索，将教学内容进行适当的重组、整合和优化，就形成新的意义上的单元。因此，单元既可以是关于某个知识点的小单元；也可以是基于学科教学内容的某条主线、问题主题，重组形成的中单元；还可以是基于学科核心概念或某核心素养，根据教学内容在结构上的联系等重组的大单元，以及按照实践认知规律进行学法指导的学习单元。这样的单元往往基于教学需求层面的考虑，赋予了"单元"更深刻的意义，更多地融入了教师对教学内容的创造性思考和整合。[2]

2012年9月以来，八十温榆河分校每学年第一学期根据学校课程教学需求，举办不同主题的教学基本功大赛，以推进学校课程教学改革，践行"城乡发展共同体的"课程领导实践。而"学科单元教学整合设计"成为从校长课程领导走向教师课程领导的重要举措。

在学校全员普及型的"学科单元教学整合设计"中，学校精心设计如下单元教学设计路径（见图4-4）。

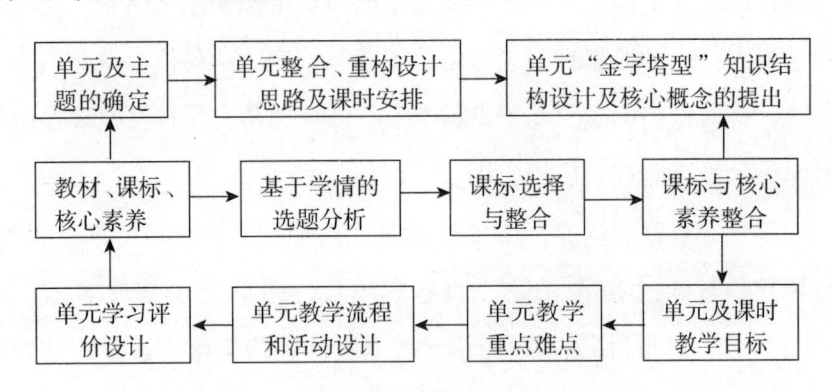

图4-4 八十温榆河分校单元教学设计路径

【说明】

※单元及主题的确定：说明自然单元还是重构单元？主题如何确定？

※单元整合、重构设计思路及课时安排：充分体现学校 7＋3 学科课程结构，体现内容整合、能力进阶、价值引领的思想。基础整合课时原则上要少于课标要求课时。

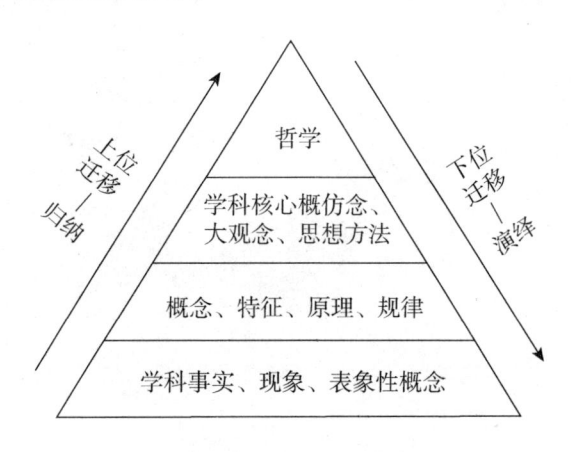

图 4－5　金字塔型知识结构

※单元"金字塔型"知识结构设计及核心概念的提出：参照图 4－5 设计本单元金字塔型知识结构[3]，并提出学科核心概念，学科核心概念体现学科本质，有学科价值、反应学科基本思想方法、具有统摄力和解释力的概念，是学科最上位的概念。

※课标与核心素养整合：基于学情分析、基于单元相关课标选择与整合，以及与学科核心素养的整合框架分析，一一对应学科金字塔知识结构及学科核心概念。

※单元教学目标及课时教学目标：按照单元整合课标——单元教学目标——课时教学目标逐层拆解并按照分层教学目标表述。图 4－6 阐述了从单元课标到课时教学目标的过程。

分层教学目标设计可依据马扎诺的水平教学目标分类法，也可以依据布鲁姆认知领域学习目标分类法，如图 4－7。

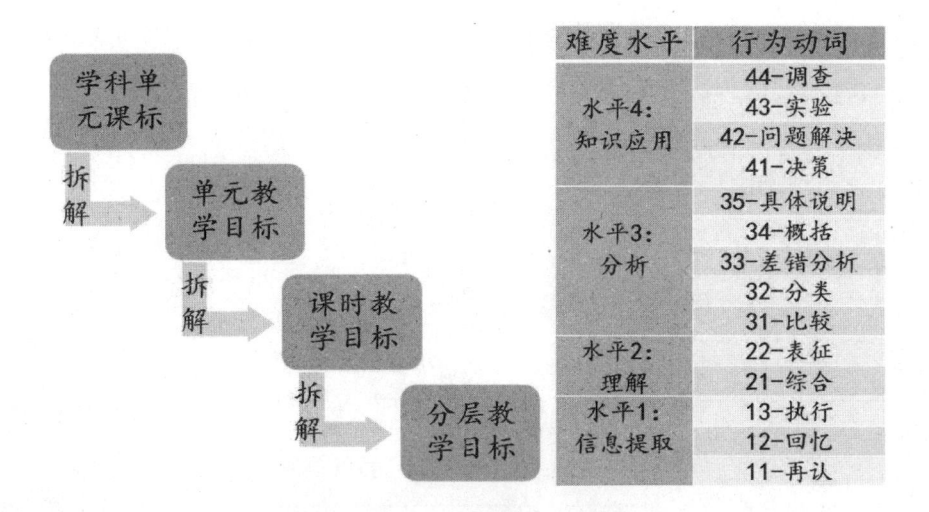

图4-6 从单元课标到课时教学目标

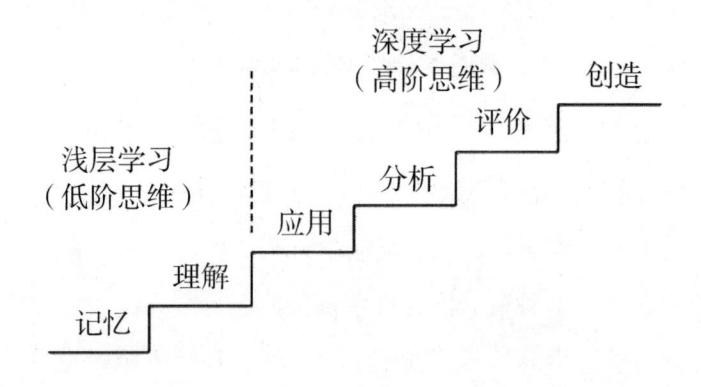

图4-7 布鲁姆认知领域学习目标分类法

※单元学习评价设计：参照逆向教学设计步骤（Backward design），依据课标以及拆解后的教学目标，设计表现性学习评价任务，评估学习效果。

※单元教学流程和活动设计：按照分层难度水平的教学目标（可转化为学习目标）——驱动性学习任务及评估针对性设计，以达成学生学习目标的完成，如图4-8。

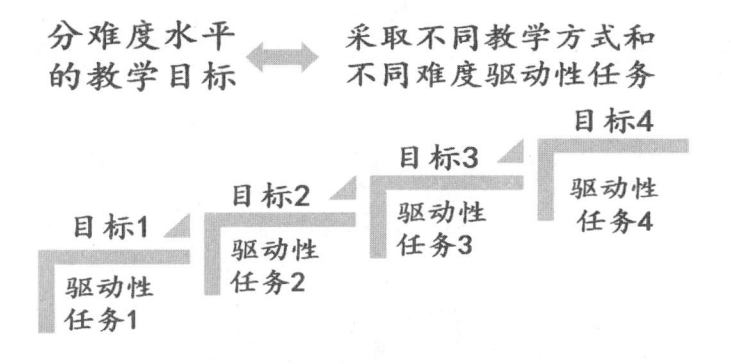

```
分难度水平            采取不同教学方式和
的教学目标   ⟷      不同难度驱动性任务
```

                                                                目标4
                                                                驱动性
                                                                任务4
                                                    目标3
                                                    驱动性
                                                    任务3
                                        目标2
                                        驱动性
                                        任务2
                            目标1
                            驱动性
                            任务1

图4-8 学习目标与驱动性任务对应设计

单元整合教学设计是落实学科核心素养的重要途径，是一项复杂、有难度的教学工程，对教师的挑战很大，但又是教师专业研究、专业提升的重要途径。学校层面的指导至关重要，但进入学科层面，各学科也可以根据学科特点进行改造，形成特色学科单元整合教学方案。

设计五　学科"生命课堂"教学设计

教育家夸美纽斯在《大教学论》中，这样描述其理想的课堂："找出一种教育方法，使教师因此可以少教，但是学生可以多学；使学校可以因此少些喧嚣、厌恶和无益的劳苦，独具闲暇、快乐及坚实的进步。"八十温榆河分校倡导"生命教育"理念，创设生命课堂，实施课堂育人。

1. "生命课堂"的模型设计

生命课堂，是师生生命共同发展的乐园，是师生间和生生间充满生命活力的情感、思想、文化交流的空间。在生命课堂里，引力场、情感场、思维场和品格场，像一条无形的纽带，将教师与学生、学生与学生紧紧相连，如图4-9。

图4-9 生命课堂模型

※引力场：通过情景设计激发学生兴趣；引发学生主动学习的欲望。

※思维场：通过驱动性问题串的设计，引导学生及学生间主动思考，深度思维，并通过解决问题达成深度学习。

※情感场：通过引力场、思维场的情景设计和驱动任务活动设计，以尊重、民主、平等、安全的班级环境，引导师生间、学生间彼此欣赏、倾听、合作、体验，以达成学生愉悦、快乐的情绪学习。

※品格场：将国家立德树人根本任务、社会主义核心价值观、中国学生核心素养、学校育人目标等品格教育纳入学科课堂，实施学科育人。

面对每一名学生的"生命课堂"，我们期待的学生样态是：积极热情、独立思考、合作探究、质疑创造、自信坚韧、喜悦快乐，如图4-10。

2. 学科生命课堂模型建构

每个学科有每个学科的特点，学科核心素养培育的任务也各不相同。因此，八十温榆河分校希望在学校生命课堂理念下，各学科结合学

（面对每一个学生的）生命课堂—理想状态

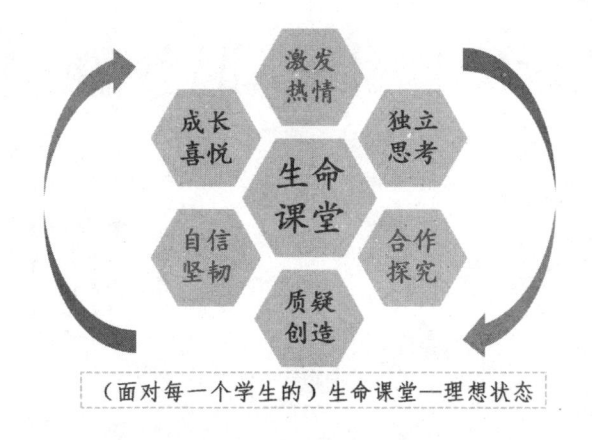

图 4-10　生命课堂学生样态

科核心素养，设计各学科生命课堂模型。该模型包括：

学科核心素养及进阶关系；

学科核心素养与学校生命课堂的整合表达；

学科生命课堂教学法、教学模式创建；

学科生命课堂课型及基本流程；等等。

学校倡导全体教师用心灵教书，创建"生命课堂"，以尊重人的情感体验（快乐与积极）为出发点，为学生的学习注入动力，从而激发学习活力，达到学习高效的目标。"生命课堂"构建是基于尊重学生美好天性，激发学生精神动力，使学生的学习是基于内在兴趣和需求的推动，强大的内驱力使学生学习成为一种生命成长本身的需要。

创建"生命课堂"，首先要关注教师的生命状态，尊重教师的生命价值，把教师从繁重、低效工作中解脱出来，这样才能激发教师对学生生命尊重的情感，才能使教师投入更多的精力去关注学生的生命状态。其次，要尊重学生生命的存在与权力，维护学生的尊严，允许学生个性的张扬。最后，要精心呵护学生，特别是呵护学生的精神生命。"教师无意间的一句话，可能造就一个天才，也可能毁灭一个天才"（苏霍姆

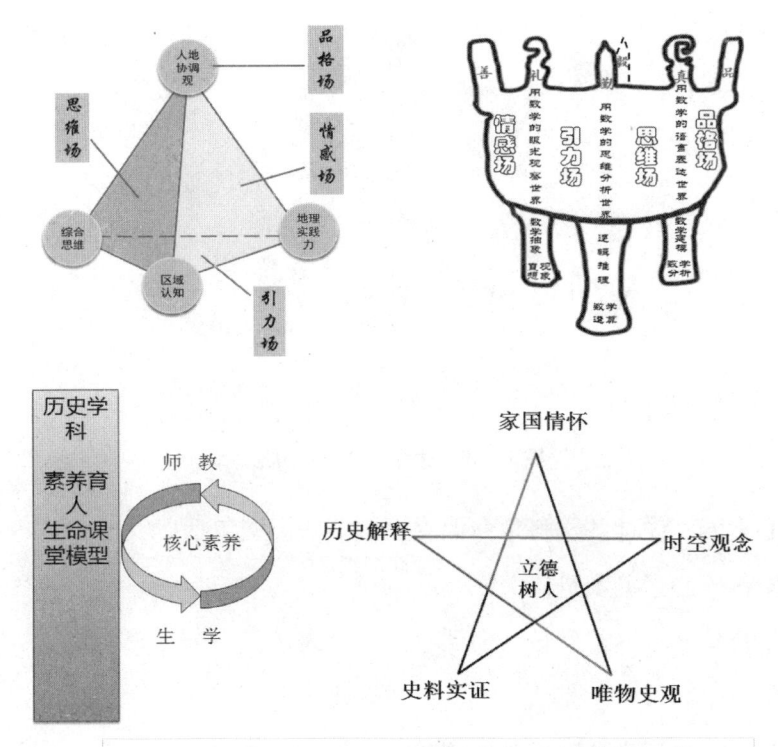

以学生为主体，教师为主导，依据学生特点，分析教学内容，合理设计教学流程，落实五大核心素养，通过家国情怀引发情感、品格场，通过时空观和历史解释引发思维场，通过史料实证唯物史观引发学生的思维场引导学生深度学习，师生互动合作学习，促进学生全面发展，挖掘学科育人价值，立德树人，从而建设历史学科的生命课堂

图4-11 案例：八十温榆河地理、数学、历史学科生命课堂模型

林斯基），因此，我们不能给学生自尊心和自信心这个最脆弱的角落投下任何阴影。

参考文献

[1][2][3] 张素娟. 地理学科本质问题解析与中学地理教学[M]. 北京：北京师范大学出版社，2019.

05　从校长到教师的课程领导实践

——八十中学温榆河分校为例

　　八十温榆河分校自 2012 年 9 月成为八十集团校以来，肩负为薄弱农村初中提供优质教育资源，促进教育均衡发展的教育使命。同时，八十温榆河分校承担八十集团课程改革试验"尖刀班"任务。7 年来，八十温榆河分校从校长课程领导到教师课程领导，从学校课程建设顶层设计到一线教育教学实践，老师们从茫然跟从、理性思考到主动创新实践，从干部到教师，课程领导力有了很大的提升。2016 年 12 月 10 日，八十温榆河分校承办北京市中小学校长课程建设校长论坛，笔者带领干部教师向来自全市的中小学校长、骨干教师介绍八十温榆河"课程领导"实践做法，获得与会者的深度思考。2019 年 7 月 11 日，八十温榆河分校承办朝阳区城乡一体化教育论坛，总结了学校 7 年来课程改革的成果，展示了各教研组、课题组、班级组、处室课程、课题研究成果，"课程立校"策略成就农村薄弱学校师生，使学校破茧成蝶。

案例一 八十中学温榆河分校数学学科课程建设方案

八十温榆河分校数学教研组 谭忠强

一、数学学科课程发展水平现状

（一）现阶段国家对数学学科课程发展水平的要求

数学教育承载着落实立德树人根本任务、发展素质教育的功能。数学教育帮助学生掌握现代生活和进一步学习所必需的数学知识、技能、思想和方法，提升学生的数学素养，引导学生会用数学眼光观察世界，会用数学思维思考世界，会用数学语言表达世界，促进学生思维能力、实践能力和创新意识的发展，探寻事物变化规律，增强社会责任感，在学生形成正确人生观、价值观、世界观等方面发挥独特作用。

（二）我校数学学科课程发展水平现状

1. 我校数学学科课程发展水平现状

我校数学学科课程发展总体水平良好，有扎实的基础和极大的提升空间。校数学教研队伍中的教师们热爱数学教育事业，有学识，有经验，富有责任感。我校的数学课程遵循《数学课程标准》，尊重学生的认知基础和认知发展水平，以人教版教材为蓝本，注重学生数学基础知识、基本技能的学习和基本思想、基本活动经验的积累。重视中考考试研究，关注中考改革，从中考真题入手，进行了有效的知识、技能整合。近五年来，中考数学学科成绩稳步提高，做出学科教育应有的贡献。另外，我们在提高学生学习数学的兴趣、养成良好学习习惯等方面，也开展多角度的学科课题研究，参加市、区多项课题活动，在数学学习的非智力因素的研究与干预方面，取得了一定的成绩。

2. 我校数学学科发展的主要问题

（1）课堂教学过度关注学生的应试能力，对数学知识的本质、知识产生和发展的过程的探究略显不足。

（2）对现行教材的研究不足，许多章节的教学是零散的、孤立的，没有完全注意知识之间的联系，不便于学生自身知识体系的建构。

（3）我校数学教学相对而言更关注教材内容，在知识的深度、广度、宽度上拓展不足。

（4）学科实践类课程、选修课程的开发缺乏整体的规划，没有发挥出这一类课程的最大作用。

（5）学生在数学学科上的成就，不仅依赖于个人认知水平和思维能力，也受到意志力、学习习惯、学习方法等非智力因素的影响，我们在这一方面的研究与干预仍然不够。

（6）利用网络信息技术，完善数学教学模式的实践仍需更多的软硬件支持。

（7）教师仍然存在着教学理念更新、教学形式革新的迫切需求。教师需要进修提高，用先进的理念指导自己的教学行为。

二、数学学科课程构建的核心主题

我校数学学科课程构建的核心主题是"明道·善思"。"道"作为中国哲学的主要范畴，有"本源、道路"等含义。老子在《道德经》曰："道可道，非恒道。""道生一，一生二，二生三，三生万物。"我们这里所提的数学的道，指数学的本质、规则和基本方法。我们将通过构建数学特色课程，引导学生逐步领悟数学之道，学会数学思维方法，最终实现"学会、会学、乐学、创学"的数学学习目标。

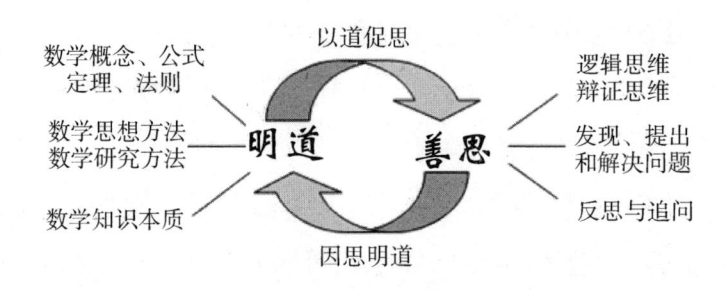

图 5-1 数学学科构建过程图

三、数学学科课程构建的基本思路

（一）深刻理解学校课程结构的顶层设计

学校课程结构坚持以"培养有理想、强体魄、会学习、善合作的创新型人才"的育人目标为课程设计的出发点和归宿，依据课程自主选择程度不同体现出三级立体分层的课程结构特点，它以面向全体的学科基础课程为起点，同时以学科拓展延伸类、实践应用类等选修课程呈现出丰富性和选择性，并以学生发现自己、形成个性特长的自主发展课程为高点目标设计。各类课程之间既有联系也有区别，独立与整合相结合，形成"7+3"的结构模式。

（二）数学学科课程构建的基本思路

学科基础课程70%：突出数学学科的核心概念、公式、定理、法则及思想方法，注重数学学习方法的指导和学习习惯的培养，强调课程内容基础性，旨在让学生达到最基本的数学素养。30%学科选修课程、学科研究课程、学科活动实践性课程设计，以培养学生数学思维能力和实践应用能力为核心目标,拓展数学知识,体验数学价值,感受数学人文。这三类课程与基础课程之间,既有区别又有联系,独立和整合相结合,能适合不同学习阶段,满足不同层次需求;确保人人获得良好的数学素养,不同的人在数学上能得到不同的发展,形成有学校特色的课程体系。

四、数学学科课程的目标、结构及其内容

(一)数学学科课程目标

1. 基础课程(70%)目标

表 5-1　基础课程目标

基础课程	能力培养	课程目标
数与代数	数感、计算能力、抽象思维能力、演绎推理能力、模型思想、符号意识等	经历数与代数的抽象、运算与建模等过程,建立数感、符号化思想,并初步培养运算能力、抽象概括能力和解决问题的能力
图形与几何	作图能力、空间观念、几何直观、演绎推理、合情推理能力等	经历图形的抽象、分类、性质探讨、运动、位置确定等过程,掌握图形与几何的基础知识和基本技能。建立空间观念,初步形成几何直观和运算能力,发展形象思维与抽象思维。树立学好数学的自信心
统计与概率	信息提取与处理能力、数据分析能力、动手操作能力、逻辑思维能力等	经历在实际问题中收集和处理数据、利用数据分析问题、获取信息的过程,掌握统计与概率的基础知识和基本技能,体会统计的意义,发展数据分析观念,感受随机现象

2. 拓展课程（30%）目标

表 5–2　拓展课程目标

拓展课程	能力培养	课程目标
学科实践活动课程	动手实践能力、提出问题能力、抽象概括能力、逻辑思维能力、信息处理能力、综合应用能力、创新意识	参与综合实践活动，积累综合运用数学知识、技能和方法等解决简单问题的数学活动经验，在参与观察、实验、猜想、证明、综合实践等数学活动中，发展合情推理和演绎推理能力，清晰地表达自己的想法
学科研究性学习课程	提出和解决问题能力、信息处理能力、应用意识及能力、创新实践能力等	经历整合数学知识解决实际问题或数学问题的过程，了解数学的价值，感受数学发现的乐趣，积累运用数学发现问题、提出问题和解决问题的经验，发展数学的应用意识、创新意识和思维能力
学科校本选修课程	几何直观能力、空间观念、应用意识、信息整合能力、创新意识等	参与丰富的选修课程，体验数学科学价值、应用价值和文化价值，感受数学魅力，提升数学人文素养，增强学习兴趣和信心

（二）数学学科课程结构及其内容

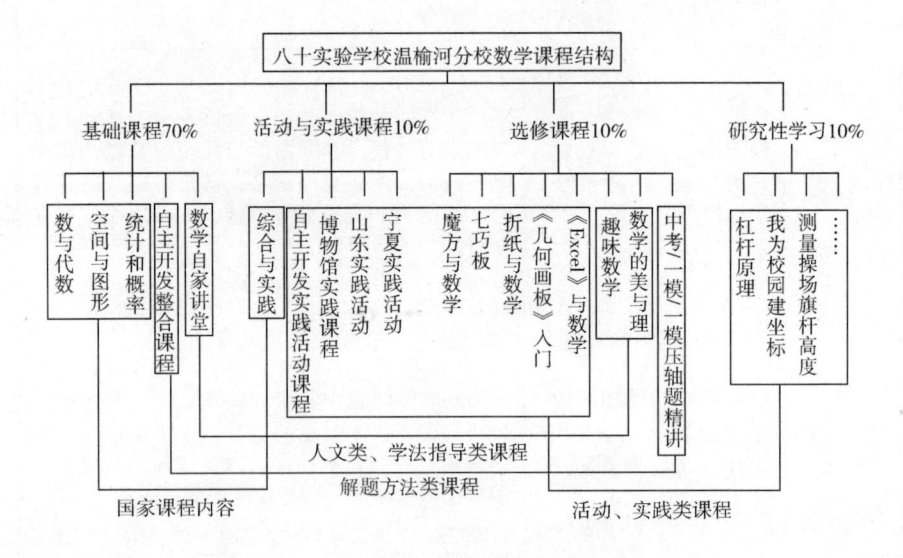

图 5–2　八十实验学校温榆河分校数学课程结构图

五、数学学科课堂教与学策略

（一）数学学科课堂教与学基本理念

教与学这两种基本行为是在教学活动中展开的，处理好教与学的关键是处理好这两种行为的主体——教师和学生的关系。我们认为，要处理好这个关系就是应该在特定的数学教学目标下去追求教师教和学生学的统一，统一的实质就是相互的有效交往。兴趣激发、问题驱动、思维碰撞、质疑反思、探究辨析等所支撑的是教与学双方的积极参与，沟通对话，交流互动活动，而数学的逻辑序、学生的认知发展序与数学教学流程也在这样活动中得到适时的调整而最终趋于协调，教学的有效性就得到了保障。

（二）基于数学学科的"生命课堂"内涵解读

数学生命课堂以数学核心素养、学校"生命课堂"理念为指导方针，着力沟通生活与数学的联系，引导学生会用数学眼光观察世界，会用数学思维思考世界，会用数学语言表达世界，促进学生的思维能力、实践能力和创新意识的发展，将数学的人文价值、文化价值、育人价值与数学核心素养相互支撑与融合，服务学生的可持续发展和终身学习。

（三）概括数学学科所教授内容的类别及其课堂教学的核心要素与内涵

以数学课程的基本理念和课程目标为依据，《数学课程标准》安排了"数与代数""图形与几何""统计与概率""综合与实践"四部分内容，并且对上述四部分的内容进行了梳理，对各部分内容的具体板块进行了概述，为了反映课程内容的核心思想、体现课程内容的主线、把课程内学习与课程目标有机关联起来，提出了数感、符号意识、空间观念、几何直观、数据分析观念、运算能力、推理能力、模型思想、应用意识和创新意识等十个核心概念。

这些核心概念的内涵在性质上体现的是学习主体学生的特征，它们涉及学生在数学学习中应该建立和培养的关于数学的感

图 5-3　数学生命课堂结构图

悟、观念、意识、思想、能力等，因此，我们认为，它们是学生在义务教育阶段数学课程中最应培养的数学素养，是促进学生发展的重要方面。将这些核心概念放在课程内容设计栏目下提出，是想表明这些概念不是数学课程内容外加的，而是实实在在蕴含于具体的课程内容之中，或者与课程内容紧密结合的。从这一意义上看，核心概念往往是一类课程内容的核心或聚热点，它有利于我们把握课程内容的线索和层次，抓住教学中的关键，并在数学内容的教学中有机地去发展学生的数学素养。

六、数学学科课程教育资源的开发——以"综合与实践"为例

"综合与实践"是初中数学内容的四大板块之一。课程标准对这类课程的特点和作用、开展的形式和时间等做了明确的要求，并提供了一定的案例指导。人教版数学教科书中关于"综合与实践"模块的资料整体比较简单。有时不给任何背景资料而是直接提出一个问题让学生去解决。有些资料给出了明确的解决问题的步骤，但是为什么要这样做，没有进行指导。有些资料开放性太强，教材教参中的预设不够充分。总的来说，教学资源的易用性差，需要教师的二次开发。基于"最近发

展区""建构主义"的相关理论，结合近几年的教学实践，我组提出教学资源优化的步骤：

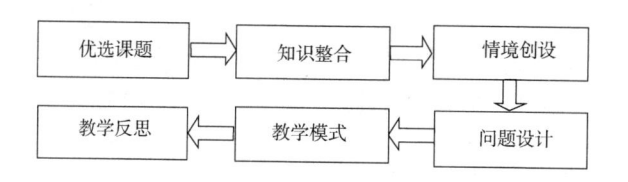

优选课题 → 知识整合 → 情境创设
教学反思 ← 教学模式 ← 问题设计

下面就优选课题、知识整合两个资源开发中的重点环节进行阐释：

（一）精心选择课题

1. 对比多版本教材，精选课题

现行的各版本教材中每个章节最后都有"综合与实践"课题，教师要对比相同课题下的背景资料哪个更利于学生理解和建构，不同课题哪个有利于数学思维发展最大化，要将贴近学生的最近发展区，使学生跳一跳就能抓地的好的课题呈现给学生，培养学生的问题意识、应用意识和创新意识。

2. 结合常规教学内容开发"综合与实践"的教学资源

常规教学中，有两大类情况需要拓展。

第一类是初高中的衔接出现"脱节"的部分：比如高中经常用的十字相乘法初中基本不讲；几何的很多知识初中基本不讲，而高中要涉及，比如平行线分线段成比例定理，射影定理等。这些知识都在初中学生的能力范围之内。我们认为，在学到相关的知识时，把高中要用但是初中不讲的内容开发为综合实践课程，有助于从更高的层次理解当前的知识，也是培养学生思维的良好素材。

第二类是常规教学中，特别是毕业班的学生需要有意识地培养和提高综合能力，可以有针对性地开发一些综合实践课程。

83

（二）整合知识点

在教学设计时，要明确课程标准在义务教育不同学段的具体要求，根据学生当前的知识水平，结合教材的安排与前后的知识联系，对与该课题相关的内容进行整合，体现出一定的综合性。

1. 要明确教学的重点、难点和关键点

首先，要深入理解教学目标。领会教材编写意图，了解本节内容在整个学科中所处的地位，具体分析教学目标。其次，挖掘相关的背景资料。教材中课题相关的文本内容少，有的只是简单地提出了问题，不对相关的背景进行解读。这时我们不仅要从材料的表面阅读和挖掘信息，还需要通过检索百度文库、道客巴巴、各大数据库检索相关的文献资料，挖掘材料背后隐性的知识，使课题材料丰满起来。最后，挖掘其历史，弄清其来龙去脉。比如"幻方""圆周率""贾宪三角""勾股定理"都是中国古代数学的骄傲。通过相关的中国古代数学史的介绍，使这些课题变得鲜活和丰满起来。

2. 挖掘活动所蕴含的数学思想与原理

以学生的已有知识水平为基础，寻找问题解决的切入点。在知识广度、思维的深度和学生的认知水平之间找到一种平衡。

3. 明确课题与教材内容的整合点

要明确课题与教材内容的整合点，把与本课题相关的课内知识整合进来，体现一定的综合性，使得这些课题不再是无源之水、无本之木。

比如，在"七巧板"这个课题中，如果单纯去摆图案，那么就失去了其数学的味道。应该从如何制作七巧板开始，研究七巧板的构成，从边、角、形状的角度研究其每一块七巧板的特点。结合平行线、三角形和特殊四边形、勾股定理等有关知识，进行推理验证。从拼三角形到

拼特殊四边形，再到自己设计图案，体现从特殊到一般的研究问题的思路和方法。

案例二　八十中学温榆河分校理综学科课程建设探索与实践

八十温榆河分校理综教研组　姜　珩

一、理综（理化生）学科课程建设的缘起

根据《北京市中考中招与初中教学改进工作的通知》精神，关于中考中招改革工作，文件指出推进考试内容与形式改革，严格按照义务教育各学科课程标准确定考试内容，注重考查学生九年义务教育的积累，注重对学生掌握基础知识、基本技能、基本思想和基本能力的考查。关于初中教学改进工作的要求，合理安排学科课程，为学生创造更多自主探究的时间和空间。充分利用中小学生社会大课堂资源单位、高校、科研院所、博物馆、企业、社会团体等社会资源开展学科实践活动，用好各学科平均不低于10%的实践活动课时，逐步形成学科内综合以及跨学科、多主题、多层次的系列课程。综合培养学生的人文、科学素养，提高学生综合运用知识解决问题的能力、交流与合作的能力、创新意识与实践能力。

八十温榆河分校2012年成为八十集团校以来，一直坚持"文化铸魂、课程立校"的办学思路，引领全校教师进行课程改革试验，各学科教研组探索学科课程7+3结构，进行系统课程建设。

二、理综学科课程建设实践探索

依据市区文件精神、依据学校 7+3 学科课程结构,结合理综学科特点,学科教研组教师反复研讨,形成理综学科课程建设框架。

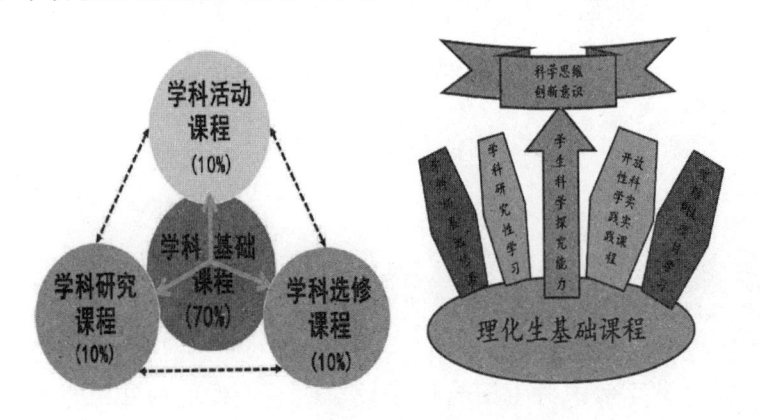

图 5-4 理综学科课程建设框架图

(一)学科活动类课程

开放性科学实践活动课和学科实践活动课程。这部分主要分三部分内容,第一是校内科学课部分,依据朝阳区要求,主要使用《北京市初中开放性科学实践活动项目手册》作为教材,课时安排进入课程表。初一主要开设与物理相关的内容,初二开设与化学相关的部分。第二是校外开放性实践活动课程,由校外机构组织实施。第三部分为由老师组织或者学生自行组织的博物馆、科技馆实践活动课程。

表 5-3 初一年级科学课——校内开放性科学实践活动课程

序号	课题名称	知识点
1	听话的笑脸	摩擦力
2	公道杯的秘密	液体、气体压强
3	不需要轮子的小车	相互作用力

续表

序号	课题名称	知识点
4	惊险的平衡	重力、重心
5	空气的利用	认识空气
6	神奇的两心壶	大气压强
7	流动的空气	流体压强与流速
8	飞行的奥秘	能量的转化
9	磁现象	磁现象
10	神奇的干簧管	磁现象
11	简易电动机	电磁现象
12	神奇的静电	电现象
13	静电发动机	电磁现象

表 5-4 初二科学课——校内开放性科学实践活动课程

序号	课题名称	知识点
1	实验基本操作	化学实验基本操作
2	吸入和呼出气体的研究	实验探究基本步骤
3	多变的蜡烛	氧气和二氧化碳的性质；燃烧的条件
4	饮料中的化学	二氧化碳的性质
5	奇妙的双氧水	双氧水制氧气；催化剂
6	可爱的化学能源	化石能源
7	污水处理	水的净化
8	奇妙的燃烧	充分燃烧的条件
9	金属制品的作用	金属的性质
10	变厨房为化学实验室	复分解反应

（二）学科拓展选修课

学科选修课主要由本校教师设计、开发。在初一初二年级开设，每周有一次课后一小时的时间开设。理综组经过多年实践，形成五门比较有特色的选修课。

1. 传统生物技术的实践应用

通过学生亲手制作酸奶、葡萄酒、泡菜、梨醋、米酒了解现代生物技术种类和生物技术在实践中的应用，了解生物技术对人类生产、生活的重要意义。

表5-5 传统生物技术的实践应用课程内容

课程名称	传统生物技术的实践应用		课程类别	实践应用类
上课环境要求	生物实验室			
课程计划	第一讲	现代生物技术介绍		
	第二讲	酸奶注意事项及制作流程		
	第三讲	亲手制作酸奶		
	第四讲	葡萄酒制作及注意事项		
	第五讲	亲手制作葡萄酒		
	第六讲	制作泡菜流程及注意事项		
	第七讲	亲手制作泡菜		
	第八讲	梨醋制作及注意事项		
	第九讲	亲手制作梨醋		
	第十讲	制作米酒流程及注意事项		
	第十一讲	亲手制作米酒		
	第十二讲	生物技术实践应用意义		

2. 花卉——无土栽培

通过学生学习与花卉、无土栽培有关的知识及实践活动提高学生对花卉的鉴赏水平，有意识地在生活中美化自己的居室环境及热爱自然、热爱生命的情感。

表 5-6　花卉——无土栽培课程内容

课程名称	花卉——无土栽培	课程类别	实践应用课
课程内容	学习与花卉、无土栽培有关的知识及实践活动		
课程计划	第一讲	1. 花卉栽培的意义　2. 我国花卉栽培的历史及现状	
	第二讲	1. 园林花卉的分类　2. 花盆的种类	
	第三讲	环境因子与花卉的关系及无土栽培	
	第四讲	园林花卉的繁殖　1. 种子繁殖——草娃娃的制作	
	第五讲	2. 分生繁殖——移植与定植；练习三色葛的移栽	
	第六讲	3. 水仙花的雕刻	
	第七讲	4. 微缩景观制作	
	第八讲	5. 火龙果的繁殖	
	第九讲	室内花卉的装饰及温室花卉的栽培管理	
	第十讲	学生展示成果	

3. 趣味化学

七八年级学生通过对日常化学用品的探索研究，了解化学知识在日常生产、生活中的应用，初步培养学生科学兴趣、创新能力和实事求是的科学精神。

表 5-7　趣味化学课程内容

课程名称	趣味化学	课程类别	实践应用课
课程内容	化学知识探索延伸		
课程计划	第一课	拿破仑之死	
	第二课	液体彩虹	
	第三课	刑侦探案	
	第四课	日用化学品之美容——面膜	
	第五课	日用化学品之卫生——肥皂	
	第六课	日用化学品之化妆——口红	
	第七课	火灾终结者	
	第八课	尿不湿里的奥秘	
	第九课	含碘食盐的检测	
	第十课	天气预报瓶	

4. 自制生物模型

学生能运用学科知识进行实践操作,把理论知识转化为具体事物。这更有助于加深学生对所运用知识的理解。

表5-8 自制生物模型课程内容

课程名称	自制生物模型	课程类别	学科拓展类
课程计划	第一讲	植物体内物质的运输:植物的茎(导管、筛管)+叶脉模型	
	第二讲	人体内物质的运输:三种血细胞+三种血管模型	
	第三讲	人体内物质的运输:心脏解剖结构模型	
	第四讲	人体内物质的运输:血液循环途径模型	
	第五讲	人体的呼吸:呼吸系统(肺、肺泡)模型	
	第六讲	人体的呼吸:模拟呼吸时胸腔容积变化模型	
	第七讲	人体的排泄:肾脏纵剖模型	
	第八讲	人体的排泄:肾单位放大模型	
	第九讲	生命活动的调节:神经元+脑模型	
	第十讲	考试考核(反射弧)	

5. 趣味物理实验

以学生为主体,通过趣味实验调动学生学习物理的兴趣,培养学生的创新能力。

表5-9 趣味物理实验课程内容

课程名称	趣味物理实验	课程类别	学科拓展类
课程计划	第一讲	找物体的重心1	
	第二讲	找物体的重心2	
	第三讲	制作排笛	
	第四讲	非牛顿流体	
	第五讲	纸杯旋转灯	

续表

课程名称	趣味物理实验	课程类别	学科拓展类
课程计划	第六讲	流动的空气	
	第七讲	揭示能自己跳开的纸杯	
	第八讲	制作照相机	
	第九讲	水制放大镜	
	第十讲	自行车中的物理现象	

(三) 学科研究类课程（微项目课）

学科研究类课主要是学科月、理综科技嘉年华等形式，由学生利用课余时间自主完成。学生已经完成的内容列举如下。

1. 《不同钙片对人的影响的研究实验报告》

学生通过研究性学习和实验探究，了解日常生活中补钙药品对人们身体产生的影响，了解市场上的补钙药品以及消费者对补钙药品的认识，增强学生对补钙药品的了解。

2. 《杨絮纤维形态结构及其吸油性能的研究》

学生通过测试杨絮和木棉的吸油性能的实验，经历探究过程，培养学生根据身边的情境提出可探究的科学问题，并尝试找到解决问题的方法

3. 《电磁式门吸的改进》《测量土壤酸碱度》（叶脉书签）

学生在一次外出就餐过程中，发现餐厅的门背后和门框上虽然有门吸，但仍然有时关不严，有时受风的吹动转来转去。学生针对这个问题，进行研究，对门吸进行改进。经过改进后的电磁式门吸对门的固定情况有所改善，而且节电装置有很好的效果。《测量土壤酸碱度》与九下化学 pH 值相关，《叶脉书签》与九下碱的腐蚀性相关。

4. 《果蔬秘密知多少——检测果蔬中的维生素 C 和农药残留》主

题工作坊活动

此次活动是我校生物社团的成员们第一次作为一名"教师"带领他人开展活动。通过本次活动，社团成员们都有很大的收获，每个人的表达能力、协作能力、时间管理能力等，都得到了提升。

（四）学科间 PBL 项目学习尝试

理综组老师尝试进行学科间整合课程的研究与实施，如化学学科与劳技学科进行课程整合实践《厨房中的科学》；化学与生物老师进行《呼吸作用再认识》整合课实践；化学和物理老师进行《有趣的喷泉现象》整合实践。

三、理综（理化生）学科课程建设的思考

理化生学科课程在学科基础课程的基础上进行了对本学科课程适当的拓展，接下来我们要探讨的是学科活动类课程、学科选修课和学科研究类课程怎样能够辅助学科基础课程达成学科课程标准的要求。尝试开发一些单学科的项目式学习，逐渐尝试开发跨学科的项目学习，帮助学生体验自主性学习、研究性学习等学习方式。

案例三　"亲近母语，感受文化"语文主题活动月的设计与实施

八十温榆河分校语文组　张瑾

语文课程标准阐释语文课程的性质时说："语文课程是一门学习祖国语言文字运用的综合性、实践性课程。""语文课程应引导学生在真

实的语言运用情境中，通过自主的语言实践活动，积累言语经验，把握祖国语言文字的特点和运用规律，加深对祖国语言文字的理解与热爱，培养运用祖国语言文字的能力……"可见，语文的学习是与学生的自主实践活动密不可分的，"实践""活动"是语文学科的关键词。

另一方面，学生在语言、思维、审美、文化等方面的语文学科核心素养，是在语言实践活动中习得、构建的，实践性、活动性是其得以养成的前提。语文活动其实是一种实践性强的语文学习。内容丰富、形式多样的语文活动对提升和发展学生的语文学科核心素养有非常重要的作用。

为此，我校语文组在学校"7+3"的课程设计引领下构建语文学科课程体系，组织了五届"亲近母语，感受文化"为主题的语文学科月活动。每年的4月份，在完成国家基础课程的基础上，由学校统一设计，引导全校学生开展形式多样的语文实践活动，拓展学生的学习空间，以此丰富学生的语文学科知识，提高学生的思维能力，发展学生的个性特长，促进学生形成健全的人格。

一、"亲近母语，感受文化"的语文学科活动月设计思考

1. 语文学科月的活动设计体现语文学科本质、关注语文核心素养提升

语文活动也是语文课程体系下的一种课程形态。语文活动立足语文学科，始终以陈述性知识的内化和程序性知识的获得为任务指向，并最大限度地将陈述性知识转化为程序性知识，帮助学生掌握听、说、读、写、思等语言文字运用能力，帮助学生获取终身发展所必需的语文核心素养，促进其知、情、意、行的全面发展。

"亲近母语，感受文化"的语文活动月设计核心理念与出发点是突出语文学科的特色，回归语文本真，与生活密切关联，引导学生走出课堂，亲近自然与生活，在言语习得中培养与提高学生的语言文字运用能力、思维思辨能力、审美鉴赏能力，进而正确剖析文化现象，积极传播先进文化。

2. 语文活动的设计体现主题化、序列化

有统一主题的、相对稳定且系统的序列的语文活动，可以增强语文活动的效果。根据相应学段的教学目标、教学内容及教材的编写体例，遵循语文学科的学习规律和学生的认知规律，立足学校课程资源的实际，有目的、有计划地设计语文活动是"亲近母语·感受文化"的语文活动月设计的原则。为此，语文活动月设计了与学生的认知水平、发展状况相适应，与语文教学规律相一致的系列主题活动，体现由浅入深、由单一到组合、由标准规范到个性自由的训练层次，力争内容上前后关联，形式上循序渐进。

3. 语文活动的实施遵循体验、实践性原则

语文活动以教师精心创设语文实践活动情境为基础，以学生作为活动主体积极自主参与语文实践活动为核心，以全面培养学生听、说、读、写、思等方面的语文能力为目的。为此，全体学生必须在语文实践活动过程中亲自参与学习实践活动，亲身体验知识与能力的生成与内化过程。

语文活动月的关键是"活动"，即要让学生充分"活"起来、"动"起来，通过切身体验和感悟获得知识，最终提高认识能力和实践水平。

二、"亲近母语，感受文化"的语文活动月实施

"亲近母语，感受文化"的语文活动月已顺利进行五届，依据语文学科特点、语文核心素养要求，并依托学校课程建设的总体设计，语文学科月的统一活动主题确定为"亲近母语，感受文化"。这一主题设计的目的是体现"语文课程是一门学习祖国语言文字运用"的课程性质，在活动中、实践中"积累丰厚文化底蕴"，期待完成语言的建构和运用、思维的发展与品质、文化的传承与理解、审美的鉴赏与创造素养的提升。

在统一主题的引领下先后开展了"品味书香，传承文化""我爱读书""共读好书，共享精彩""文化自信""弘扬传统文化，做品格君子"五个专题的语文活动，开展语文活动23项，极大地丰富了学生的语文生活。

表5-10 "亲近母语，感受文化"语文活动月总览表

时间	专题	活动安排
2015年4月	品味书香传承文化	※第一周："传承经典、分享人生"好书推荐手抄报比赛；"写给春天的诗"原创诗歌比赛 ※第二周："献给春天的诗"经典与原创诗文朗诵会 ※第三周："快乐语文、趣味成语"4人组成语听写大赛 ※第四周："书中自有黄金屋"自制书签比赛；"感悟前人轶事 分享人生智慧"文人与文化故事汇
2016年4月	我爱读书	※第一周：名著封面设计展 ※第二周：古诗词听写大赛 ※第三周：图书跳蚤市场 ※第四周：研学诵读与创作
2017年4月	共读好书共享精彩	※第一周："春风十里 书生意气"语文研学创作展 ※第二周："读书成就人生"专家讲座 ※第三周："厚积薄发"传统知识文化竞赛 ※第四周："共读好书 共享精彩"图书跳蚤市场

续表

时间	专题	活动安排
2018年4月	文化自信	※第一周："我的眼中只有你"传统文化手抄报展及原创作品朗诵会，以我眼中的李白、我眼中的《论语》、我眼中的中秋节等传统文化内容为主题，图文并茂展示个人对传统文化的认识。以朗诵会的形式展示宣传个人心中的传统文化亮点 ※第二周："读书成就人生"专家讲座。聘请语文专家，就语文学习、阅读、传统文化知识等举办讲座及授课 ※第三周：温榆河"经典咏流传"演唱会。学生以央视"经典咏流传"节目为参考，咏唱表演经典古代诗词 ※第四周：吴越文化、儒家文化研学及创作活动。学生结合江南、山东研学的亲身体验，用诗歌和游记的形式展示自己的收获与感受，体会文化，运用语言
2019年4月	弘扬传统文化做品格君子	※第一周：六品格演讲稿征文活动（初一初二学生）、"绽放实力，中考显能"原创作展（初三学生） ※第二周：六品格演讲比赛 ※第三周：传统文化研学诵读与创作 ※第四周：传统文化研学成果展

图 5-5 历届语文学科主题活动月纪实

三、"亲近母语，感受文化"的语文活动月总结与反思

五届的语文活动实践，让我们有这样的认识。语文活动设计的第一步：设计、引领。充分发挥教师的主导作用，设置真实学习情境，设计贴近生活的语文活动，激发学生的参与兴趣，激活学生内在的潜能。第二步：活动、放手。让学生通过自主活动体验感悟，在亲历探究过程中总结方法规律，体会获得新知的乐趣。第三步：评价、激励。通过评价褒奖、激励反馈、展示表演等方式在过程中督促鼓励，使活动始终高效有序进行。

"亲近母语，感受文化"的语文活动月以学生主体性活动为构成要素，立足课内学习与课外活动的结合，可以在常规教学的基础上引导学生重新认识语文听、说、读、写、思之间的内在联系，变革学生的语文学习方式，促进学生主动建构知识，拓展知识，习得能力，陶冶情感，塑造人格，培养与发展非智力因素，提升语文学科核心素养。

四、具体方案介绍：

八十温榆河分校2018年语文学科活动月活动方案

"清和四月天气新"，在草长莺飞、万物光辉的4月，新一届的语文活动月扬帆起航。本次活动月将以"文化自信"为主题，以传统文化为主要内容展开活动。活动为期四周，旨在以语文活动为桥梁，通过多种形式的活动，宣传民族优秀传统文化，弘扬民族文化精神，并在活动中、实践中、生活中学习语文，展示语文学科素养。

【活动时间】2018年4月

【活动目的】弘扬传统文化，建设书香校园；落实学科改进意见，展示学生语文素养；展示学生读书成果，培养热爱读书的习惯；引导学生在活动中、实践中、生活中学习语文。

【活动安排】

※第一周："我的眼中只有你"传统文化手抄报展及原创作品朗诵会。以我眼中的李白、我眼中的《论语》、我眼中的中秋节等传统文化内容为主题，图文并茂展示个人对传统文化的认识。以朗诵会的形式展示宣传个人心中的传统文化亮点。（初一、初二）

※第二周："读书成就人生"专家讲座。聘请语文专家，就语文学习、阅读、传统文化知识等举办讲座及授课。（初三）

※第三周：温榆河"经典咏流传"演唱会。学生以央视"经典咏流传"节目为参考，咏唱表演经典古代诗词。（初一、初二）

※第四周：吴越文化、儒家文化研学及创作活动（初一、初二）。学生结合江南、山东研学的亲身体验，用诗歌和游记的形式展示自己的收获与感受，体会文化，运用语言。

海阔凭鱼跃，天高任鸟飞。希望同学们在语文活动月中积极参加活动，展示自己的真实风采与实力，有收获、有进步。预祝大家成功。

八十温榆河语文教研组
2018年4月

八十温榆河分校2018年语文学科活动月总结

为了贯彻和落实《北京市中小学语文学科教学改进意见》的文件精神，落实学科改进意见，展示学生语文素养；引导学生感受母语的魅力，弘扬传统文化，建设书香校园，我校于2018年4月迎来了第五届语文学科活动月活动，本次活动月以"文化自信"为主题，以传统文化为主要内容展开活动。本次活动设计了"我的眼中只有你"传统文化手抄报展及原创作品朗诵会、"读书成就人生"专家讲座、温榆河"经典咏流传"演唱会、吴越文化、儒家文化研学及创作活动。

语文学科月伴着初夏暖融融的风迎来了尾声，在阶梯教室，我们开展了"经典咏流传"演唱会，将古诗用歌唱的形式演绎出来。随着当下歌曲的流行，不少古典诗词名作都曾被谱以新曲，乘着歌声的翅膀，"飞入寻常百姓家"。五千年文化，三千年诗韵，经典永流传，我们的文化从未断流。在如此诗情画意的四月，我们的同学们要用自己的歌声来传承经典。我国最早的诗集《诗经》被列为"五经"之一，《乐府诗集》是继《诗经》之后，一部总括中国古代乐府歌辞的歌辞集，是由北宋的郭茂倩所编，其中包括著名民歌《木兰诗》。七年级一班的同学要为我们带来的节目就是《木兰诗》。随着古典音乐的伴奏，七年级一班全体学生身着汉服，吟唱《木兰诗》，动人的诗歌与音乐还有舞蹈使现场观众似乎到了遥远的汉代。接下来的10个节目我校学生吟唱了《山居秋暝》《使至塞上》《明月几时有》《山一程，水一程》《苔》《少年中国说》《送别》等古诗歌曲。数学教研组组长谭忠强作为评委，也倾情献唱《清平调》获得全场热烈掌声。

每一个节目、每一位表演者代表了一个时代，通过他们的演绎，又一次带领大家领略了汉语的文字之美。这一节目也将所有演出同学汇集在舞台上，古今的搭配、服饰的点缀为这娇春增添了一道靓丽的风景线。

通过系列语文活动的开展，学生在对经典吟诵的过程中涵养了文化，在书写描绘中领悟了汉字的艺术，在实际生活中积累了素材，拉近了语文学习与生活实践的距离，锻炼了学生利用汉字表达自我情感、口语表达等综合语文能力。语文学科活动月的活动虽已结束，但语文的魅力却留在了每一位学生的心中，正如不少同学希望的那样："让本次活动中感受到的语文美伴随我今后的生活。"

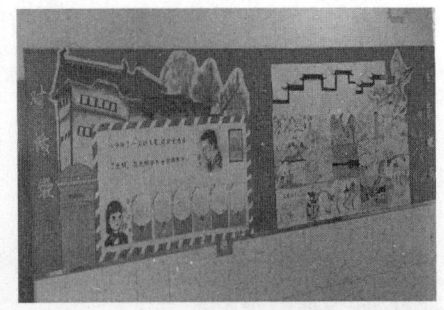

图5-6 2018年语文学科活动月总结展示

八十温榆河语文教研组

2018年6月

案例四 "家国情怀·品格少年"主题英语学科月活动设计与实施

八十温榆河分校英语组 王晔

2012年起,我校实施7+3课程体系探索,即70%的国家课程与30%的学科实践应用类课程。英语学科月作为英语学科30%学科拓展实践应用类课程的一部分,在课程的整体框架设计中起到了至关重要的作用。英语学科月在每年的12月份举行,为期一个月。在这一个月中,我们进行了很多有趣的英语实践活动的探索。我们从学科育人的角度进行整体设计,培养英语学科核心素养,我校学生培养目标是:培养具有"礼善真勤品毅"六大品格的现代绅士和淑女,两者相结合,进行学科育人,完成"立德树人"的根本任务。我们紧紧围绕"培养什么样的人,为谁培养人,怎样培养人"这三个核心问题,开展我们的主题实践活动和尝试。以下几个活动是比较具有延续性的活动设计,每年学科活动月都会有的设计和探索,深受孩子们的喜爱。

一、爱国主题海报的设计和评比

本组所有的英语老师都牢固地树立一个信念,"为谁培养人"和"学习英语的目的"是始终存在于所有英语组老师心中的一个坚定的理想信念。从孩子们入学之初,我们就不断地设计各种教学活动,并身体力行地告诉孩子们,我们是要培养社会主义建设者和接班人,培养的是优秀的中国人。英语作为联合国工作语言,孩子们有学习的必要,也有学好的必要。但是孩子们学习英语的目的也是能够站在世界的舞台上，向全世界描述中国，讲述中国，宣扬中华传统文化。所以，我们有了这个坚定的信念，每年与"祖国"有关的主题海报的设计和创作，就成了我们的固定活动。

图 5-7 学生爱国主题海报设计

二、宣扬优秀传统文化的剧本创作和展演

英语戏剧是最好的能够提升学生核心素养的学习活动。从剧本的选题，到人物的设定，到对白的撰写，再到剧本的表演和呈现，能够整体提升学生的语言知识技能和学生的英语学科核心素养。近几年的英语学科活动月中，我们呈现了几部精彩的体现优秀中华传统文化的剧目。《The Flying Kite》围绕为祖国庆生这一话题，以风筝为线索，讲述了一个性格孤僻、智力有缺陷的小男孩 Hank，最终被同学们包容、接纳的美好故事。宣扬美好情感，弘扬传统文化。饱含爱国、友善、和谐的社会主义核心价值观。

图5-8 学生编演英文戏剧
"The Flying Kite"

图5-9 学生参演英文戏剧
"To be with you"

三、描述祖国大好河山的研学写作

根据教育部等11部门发布关于推进中小学生研学旅行的意见，现在许多学校都在尝试带孩子们走出去，我们学校在这方面的课程设计与实践也是较为领先，我们英语学科，也可以让孩子们通过研学，有非常多的收获。用英语来描述我们的祖国的大好河山，向世界讲述中国，也是我们学习英语的重要使命。

图5-10 学生的研学小报

因此每年的英语学科活动月，我们也会设计相关的研学写作课程。

103

写作是对学生核心素养培养的良好方式。在语言知识层面，扩大学生的词汇量，丰富学生的写作句式，提升学生的写作构思能力，促进思维品质提升，培养学生热爱祖国的美好品质和情感；能够在这个过程中完整地培养学生的语言能力、文化意识、思维品质以及学习能力；有效地提升自身英语学科的学习策略，拓宽学习渠道。每次的研学写作，学生的语言能力都得到大幅度提升。

四、英文配音及英文歌曲演唱

每年英语学科活动月，学生们最热爱的部分就是英文趣配音以及英文歌曲演唱环节。这是孩子们的秀场，孩子们在这个舞台上大方自信地展示着自己的风采。一口流利的中英文表达，再加上端庄稳重的外在举止，孩子们利用朋友圈等形式宣传着自己美妙的歌声和流利的英文表达。这些拓展自己学习路径的同时，极大地提升了孩子们语言学习的兴趣。

图5-11 学生参加"温榆好声音"英文歌曲比赛

五、"礼善真勤品毅——品格之花"英文主题演讲

为全面贯彻党的教育方针，落实立德树人根本任务，英语组教师在

学科育人方面做着不懈的探索。我们将社会主义核心价值观纳入我们的学科活动中，把我校的人才培养目标纳入孩子们的学科活动中。每一次演讲，都是一次品格的提升，都是一次人格的升华。提升孩子们英语水平的同时，完成立德树人的根本任务。

图 5-12　《品花·品华》英文主题演讲现场

六、具体活动方案

2018—2019 八十中学温榆河分校英语学科月活动方案

【指导思想】

《中国中学生学科核心素养培养》《中学生学科改进意见》《北京市第八十中学人才培养目标》

【活动目的】

为提高我校学生口语表达和综合语言运用能力，提高学生英语学科核心素养，同时践行我校人才培养目标"礼善真勤品毅"六大品格培养，培养学生一口流利的英文表达为目标，现举行我校首届英语演讲大赛。

【活动主题】

1. 全国中学生英语能力竞赛。

2. 以歌颂六大品格礼善真勤品毅的英文美文为蓝本，以一口流利的英文表达为目标，进行美文鉴赏及演讲大赛。学生可自行写稿背诵，也可精选鉴赏相关主题美文，演讲过程需配乐，制作PPT。

初一：礼 善 讲友谊 讲诚信

初二：真 品 讲学习 讲父母情

初三：勤 毅 讲拼搏 讲师生情

【活动方案】

1. 英语能力竞赛：组织全体学生自愿报名，在年级组进行初赛，每组按照大赛组委会要求产生2—3名选手晋级全国总决赛。

2. 演讲比赛：班内进行初赛，由英语老师组织，最后每班推选5人参加校级决赛。

内容	时间	地点	负责人
初赛	11月19日—11月30日	各班班内（推举每班5人）	各班英语教师
决赛	12月3日—12月13日 班会课、午自习、第八节课（由年级评委自己定）	二层会议室 美术教室 史地教室	各备课组
展演	12月14日（周五）	阶梯教室	教研组

【评奖方案】

1. 全国中学生英语能力竞赛，产生校级一、二、三等奖，其中一等奖被推选参加国家级总决赛。校级二、三等奖颁发校级荣誉证书。

2. 演讲比赛：

※初赛：每班推选5人参加决赛，赛后颁发奖状及奖品。其余表现

优异，未进入班级前五，颁发奖状，英语活动月演讲比赛初赛优秀奖。

※决赛：

奖项	人数	奖品
一等奖	初一、初二、初三3人/年级　共9人（2%）	25
二等奖	初一、初二、初三6人/年级　共18人（6%）	20
三等奖	初一、初二21人/年级　初三12人共54人（12%）	15

温榆河分校英语组

2018.10

北京市第八十中学温榆河分校英语学科月活动总结

第八十温榆河分校英语组　王晔

2018—2019学科活动月于2018年11月初启动，历时一个月。英语组老师认真策划组织，同学们积极参与。

此次活动月设计了两大主题活动，一是以中学生英语能力竞赛为契机，培养学生的语言运用能力，进行校内的学优生培养和选拔，在全校三个年级举行了英语能力竞赛初赛。大赛三个年级分别诞生一、二、三等奖。其中一等奖被推选为校级选手参加全国英语能力竞赛总决赛。此次活动得到了同学们的广泛响应。最终，代表学校参加全国英语能力竞赛总决赛的选手均取得了全国二等奖和三等奖的好成绩。

在校内演讲比赛单元，此次活动月设计了温榆河特色的"礼善真勤品毅"主题演讲。此次演讲全校总动员，每班都进行了以"六品花"为主题的演讲初赛，班内优胜奖进入了年级决赛。最终年级决赛一等奖的选手在阶梯教室进行了学科月展演。

2018年12月14日，英语组在学校阶梯教室组织了2018学年英语学科月展演。通过本次展演，学生们更深入地理解六大品格的实质和内涵。切实践行学科课程引领未成年人思想道德建设，让我校的人才培养品格之花落地生根开花。英语组为各个学年都设计了不同的主题。初一讲"礼"和"善"，初二讲"真"和"品"，初三讲"勤"和"毅"。而且各个班级进行了全员参与的初赛，及紧张而激动的年组决赛，最后诞生的三个学年9名一等奖得主才有机会站在今天的舞台上，给大家展现他们的风采。

选手们清晰的思维，流利的英文表达，展现了温榆河学子一口流利的中英文表达。此次活动得到了学校领导的大力支持，邓书记、焦校长、安主任亲临现场，观看孩子们的展演，书记在展演后对同学们寄语，希望同学们珍惜青春，怀揣感恩，做品德高尚的温榆河学子。此次英语学科月展演圆满成功。

此次活动月，使学生们的英语学习热情高涨，也给更多的同学提供了施展英语才华的舞台和机会。孩子们通过大赛历练自己，开阔眼界和视野，不断寻找最好的自己。学生们的综合语言运用能力得到了提高，语言素养和综合素养及能力都得到了进一步的提高。本次活动月起到了应有的作用和效果，达到了预期目标。

案例五　基于核心素养的历史课本剧课程设计与实践

八十中学温榆河分校　许文君

历史学科作为一门基础课程，在义务教育阶段占有重要地位。历史学科五大核心素养的提出，为我们培养学生指明了方向。在课堂教学中，如何有效提升学生历史核心素养成为摆在我们面前的问题。面对这一现状，在我校"文化铸魂，课程立校"的办学理念和"7+3"课程建设模式的指导下，在积极完成国家课程要求的课程内容的基础上，把生命课堂理念引入课堂，进行以培养学生核心素养为中心的学科课程建设，进行基于核心素养的历史课本剧课程设计与实践。

一、历史课本剧课程的开发

从2014年9月开始，历史备课组老师决定开发历史课本剧课程。我们相继到其他学校进行学习并查阅相关书籍和论文，观看表演视频，设计与本校学情相契合且可以培养学生主动参与，乐于探索，能够与他人交流和合作能力的课本剧课程。

（一）概念的界定

我们对历史课本剧的概念进行了界定。所谓的历史课本剧，主要是指学生在教师的指导下，依据教材和课下搜集的资料，编写历史剧本，自主进行角色分工、合作排练并在课堂上演出历史事件或历史人物，从而体验和感悟历史规律的综合实践活动。历史课本剧与其他的课本剧相比主要有两大不同。第一，历史课本剧必须符合历史事实，这就要求学生在创作历史剧本时要严格地以历史史实为依据，切勿随意杜撰历史。第二，历史课本剧的展现必须遵循正确的时间顺序，即使出现倒叙或插叙情况，也应将时间因素向大家说明清楚，否则容易使学生混淆历史因果关系。

（二）课程的设计

根据学科和课程特点，该课程主要包括两大部分：前期的剧本创作和后期的课本剧表演。在此基础上设计出《中国历史课本剧表演》选修课课程纲要。

表 5-11 《中国历史课本剧表演》选修课课程纲要

课程名称	中国历史课本剧表演
招生对象、人数及条件	初一学生，人数20人，条件：喜爱历史和表演，对历史人物和事件感兴趣的同学
课程目标	促进学生阅读经典读物，学习搜集史料，培养学生学习历史的兴趣、团队合作能力和语言表达能力
课程计划	第一讲　话剧基础知识 第二讲　课本剧基本功——语言训练 第三讲　课本剧基本功——剧本写作训练 第四讲　课本剧基本功——表演训练 第五讲　小组练习（一）——历史课本剧撰写 第六讲　小组练习（二）——历史课本剧修改 第七讲　小组练习（三）——历史课本剧表演（一） 第八讲　小组练习（四）——历史课本剧表演（二） 第九讲　选修课考评：以小组为单位表演本组历史课本剧，教师测评，学生评优 第十讲　老师总结，发证
考核形式	课堂评价20%，课后作业20%，学生展示60%

二、历史课本剧课程的实践

该课程上课时间为每周四的校本课程时间，每次45分钟，共十节课。前四节课为课本剧基本功入门课。四节课的学习，可使学生相互之间更加熟悉，消除心理障碍，提升小组间学生的默契程度。学生也可以在活动中更好地认识自我，发现自己的优点，为后面的任务分工和角色分配打下基础。

中篇　实践纪实篇

学生在课本剧基本功入门课后，以小组为单位，用两节课的时间进行历史课本剧的撰写与修改。课本剧主题多选自历史教材中重要的历史人物和历史事件。学生分部分撰写课本剧，在此过程中，老师进行指导和修改。如下图为学生撰写的课本剧《商鞅变法》的剧本内容（部分）。

历史课本剧——商鞅变法

第一幕：孝公求贤

旁白：这个历史故事发生在两千多年前七雄纷争的战国初期，一天，在秦国的宫殿里……
秦孝公（忧心忡忡）：唉！在七国中，我秦国地处西方，国力最弱，最近，魏国又夺去了我黄河以西的土地，长此以往，秦国以自保？
宫廷总管：秦公，东方六国开会定盟约，又没有邀我国参加。
秦孝公（大怒）：什么？！欺人太甚！真是奇耻大辱，我一定要发奋图强，洗雪耻辱，（稍微停顿一下）我要广求贤才，富强秦国。来人，将《求贤令》贴出去，告知各诸侯国人：谁要是能有办法让秦国富强，我就封他为官，还要分给他土地。
宫廷总管：是。
宫廷总管：在交通要道上贴《求贤令》。
商鞅（苦闷而又欣喜地）：想我公孙鞅有经世大略，却苦于无用武之地，真是怀才不遇啊，唉~前面怎么这么多人？我去看看。《求贤令》（念内容）……原来秦国正在广招贤才，这正是实现我远大志向的好机会啊。我要去试一试。
宫廷管家：启禀秦公，卫国公孙鞅求见。
秦孝公：有请。
宫廷管家：是。
宫廷管家：公孙鞅觐见。
（宫廷大殿上）
商鞅经人引见：拜见秦公。
秦孝公：先生请起，不知先生有何高见？
商鞅（踌躇满志地）：启禀秦公，放眼六国，要想强大，就必须变法，富国强兵才是出路。
秦孝公：那如何变法呢？

图 5-13　历史课本剧《商鞅变法》内容（部分）

学生选择熟悉的历史事件——商鞅变法，通过查阅历史教材、《史记》等材料，编写形象生动的剧本。学生在撰写剧本时，最容易出现的问题就是随意发挥，任意杜撰剧情。这就需要老师及时提示学生修改，并在修改的过程中让学生意识到历史课本剧中剧本的撰写离不开史料的支撑，也就是要有史料实证的意识。同时，任何历史事件都是在一定的时空情境下发生的，一个优秀的剧本需要在一个正确的时空背景下发生，而不是随意切换，让观众不知所云，这也就是历史核心素养中的时空观念意识。

剧本撰写并修改完成后，学生进行角色分配，表演课本剧。课本剧的表演不仅需要学生熟悉并背诵台词，更需要学生充分理解历史背景和历史人物的心理，用语言、神情和动作恰当地表现出历史人物的特点，提升学生的历史解释能力。

图5-14 《中国历史课本剧表演》选修课学生活动照片

三、评价标准与方式

（一）过程性评价

在课程开展的过程中，将学生的考勤、纪律、上课参与度等作为过程性材料对学生进行评价，约占整体评价比重的40%。评价过程中注重教师评价、学生自我评价与同伴评价相互结合，也要考虑到学生的个体差异，真正使过程性评价成为促进学生发展的方式。

（二）终结性评价

在课程结束前，对学生进行终结性评价，主要从学生完成的课本剧表现和核心素养的培养等方面进行评价。

表5-12 课本剧表演评价表

评价项目	项目评价要点	分值	得分
剧本	是否时空正确，主题突出，内容完整、流畅	20分	
语言	是否口齿清晰，抑扬顿挫，表述流畅，历史解释能力强	15分	
感情	是否表情自然大方、角色意识强	10分	
小组合作程度	是否配合默契	15分	
表演	是否完整、流畅、得体	40分	
总得分	等级	100分	

说明：A（100-85） B（84-70） C（69-60） D（59以下）

在课程结束前，将过程性与终结性评价相结合，对学生的学习效果进行反馈，下发结业证书。

四、效果与反思

自2015年开设中国历史课本剧校本课程以来，一百多名学生选修该校本课程，指导二十多名学生参加两届学校举办的红五月艺术节活动。在朝阳区举办的剧本创作比赛中，指导学生参加。学生自主撰写和表演的课本剧作为教学素材应用在《西汉的强盛》《丝绸之路的开通》《文艺复兴》《秦国的强大》和《古代希腊》等课中，突出教学重点和突破难点。在每年组织的文综学科月中，课本剧表演是学科月活动常规活动之一，指导学生表演课本剧。

五年多的实践过程中，教师团队也在不断进行反思。历史虽然有其过去性的特点，但是，它也是有着生命力的。教师应努力改进教学方式，保持历史的生命力。历史课本剧十分直观，在创设历史情境方面有着其他教学方式无法比拟的优势，增添历史课堂的魅力。

历史课本剧这一新兴的教学方式，突出学生主体地位和参与意识，激发学生学习兴趣和探究精神，对提升学生的核心素养大有益处。历史课本剧的创作不仅能够帮助学生构建一定的历史时空观念，并且在搜集资料，编写、修改剧本的过程中，增强学生对历史的理解力和解释力；学生在自导自演的体验中"神入"历史，逐渐被演绎的历史人物的家国情怀所感染，逐渐增强了社会责任感。

几年的教学探索过程中，也发现了一些问题。在日常教学中，一堂成功的课本剧需要师生投入大量的精力。一般要选题，查阅大量史料，编写剧本、推选导演及选定演员，学生在完成课业之余担任这项工作，时间和精力比较有限。另外，由于专业水平有限，学生在剧本编写和演出中有时会偏离历史情境，演绎过于夸张。虽有老师的指导，但会与学生的价值观和表演风格有冲突。这些问题还需要在今后的实践中不断探索，及时修正。

案例六　农村初中开展中英足球合作教学的课程设计与实践

八十温榆河体育教研组　申　锐　王春慧

八十温榆河分校自成为八十集团成员校以来，借助八十集团优质教育资源，2014年成为北京市奥林匹克女足训练基地校。先后有近30名女子足球特长学生考入八十中学。2015年，在朝阳教委的大力支持下，每个学年从英国卡迪夫足球俱乐部聘请一名足球外教参与我校体育组足球课程建设，体育教研组也相继开展中英足球合作教学研究。

为了更好地开展校园足球运动，我校5名教师分期参加了北京市朝阳区朝阳分院组织的足球教练员培训，在这次培训中，教师们认真听讲，积极参与实战，足球知识与理论取得了很大的提高，其中1名教师还被选中参加北京市足球国家培训计划。

按照市区体育课程计划要求，每周3节体育课，确保周天体育锻炼一小时。八十温榆河分校各学科采用7+3课程结构（即70%基础课程、30%拓展课程），体育学科依据上级文件精神及学校课程结构，对体育学科课程体系建构做如下梳理：

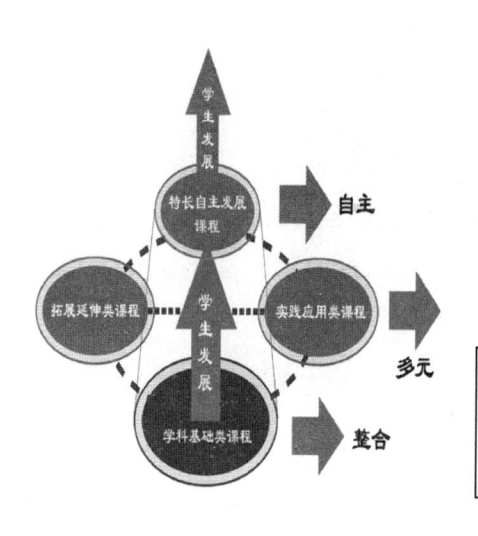

※特长自主运动项目，形成特色社团：超越足球社团、篮球社团、武术社团、轮滑社、健美操社团等。

※每名同学选择一项喜爱的体育运动项目，并坚持大课训练及每日自主持续训练30分钟。

※每周2+1模式，中英足球合作教学；
※课间操3+1模式（温榆河特色）；
※体育文化节跨学科研究性学习、PBL模式。

体育学科基础课程采用2+1模式，其中每周1课时用来开展中英足球合作课的探索与研究，2课时进行国家课程标准整合课程实践。30%拓展课程主要以学校每人一项体育爱好项目，并坚持演练，最终有篮球社、足球社、乒乓球社、健美操社、武术等社团。

一、八十温榆河体育学科中英足球合作教学实践

学校在教委国际科支持下，于2016年9月到2018年底，积极探索中英足球合作教学模式。外教是来自英国卡迪夫著名的足球教练，有着丰富的教学经验和实战经验。体育组全体教师抓住这个难得的机会，尝试进行合作教学，互通有无，形成特色。

1. 中英教师集体备课

体育组教师与英国足球外教采用每周一次的集体备课，学校派一名外语老师协助翻译，针对合作课程计划、课程内容、教学模式、实战技术、关注重点等进行。外教老师严谨、认真、细致、关注学生兴趣和战术等方面，都值得我们深刻地学习。

图 5-15　于冬云校长与我校聘请的足球外教合影

2. 中英教师合作上课

学校对初一、初二年级全体学生每班安排一节中外足球合作课，基本采取外教为主、中教为辅的策略，让全体学生在校园里体验外国优秀体育教师的风采。

※中英合作课程内容：中英合作的足球课程，主要以盘带、传球、

接球、双人移动、头球接球、盯人防守等技术为主要授课内容。除此以外，相关的心理学基础、团队训练计划以及与学生的互动等内容也涵盖在内。

图5-16 足球外教正在进行课堂教学

※中英合作教学方式：中英教师团队多次深入研讨，以当下先进的足球运动理念为支撑，打破传统的授课模式，分层分段分运动能力地有针对性地组织课堂，结合学生特点、差异、素质、兴趣等元素，开展生动、活泼、热情的足球教学。

※中英课堂教学实施方面：在全面普及足球运动的基础上，让零基础的学生有兴趣，让有兴趣的学生有能力，让有能力的学生有技术，让有技术的学生懂战术，从而达到授课内容多元且丰富。尤其是在分层教学过程中，技术以实用为主，战术以简单为主，配合以有效为主，运用逐层递进的教学方法串联课堂。在课程实施研究上，紧抓学生特点，让兴趣大于能力，技术大于素质，战术运用涵盖全部，使原本枯燥的足球教学过程生动且充满活力。

3. 更新理念改进现状，让课堂充满活力

在引进足球外教后，我校中西方的教学理念有了更深层次的碰撞，学习个体不再只停留在部分有兴趣的人群，而是开始出现了大面积的普及。从之前传统模式的常态课，演变成了培养兴趣的生动课。课堂氛围发生了量与质的变化。纵观世界足球文化，足球虽起源于中方，兴盛却是在西方。外教的引进，不仅更新了中方的教学方法，更是从很大程度上更新了中方的教学理念。还有一点就是上课的学习氛围和我们中国不同。我们上课时不允许学生随便说话，学生练习时也是规规矩矩地成一列横队或一路纵队，感觉上课堂气氛很好，实际上给人一种很"闷"的感觉。但是"洋教师"在上课时很随意，教师和学生之间会在一种课堂气氛非常愉快的环境中去完成课堂练习。他们会利用器材把练习区域隔离出来，让学生在规定的区域里自由练习，也可以说话，有时还会和教师互动，如集合时先到教师面前会合，与教师进行击掌祝贺。

4. 中英足球文化差异化认同，实施教学改进

中西方在足球文化认知方面有着巨大的差异性。从寓教于乐的角度来说，中方更倾向寓教，而西方则是侧重于乐。中方传统的教学理念和模式，主要表现在教条的照本宣科，对技术动作的教授，更是停留在课本教学范畴内。而西方的教学理念则首要是从培养个体兴趣入手，激发个体学习热情，从而达到更高更有效的学习效果。在学习技术动作方面，西方的教育手段更是趋向于实战教学，并非只是拘泥形而上学的学习。例如，在面对零基础的学习个体时，教授其触球时的应变能力。中方教学形式大多会严格要求按照教材规定方法进行教学，而西方教学形式则是以最直接的处理方式进行教学，即不论技术动作是否规范，做出合理的第一反应处理就可以。上课的内容和方法与我们也有所不同，我们上课多是一个传接球内容，教师会通过讲解示范、徒手练习、脚的站位、怎样去踢球等教授，会详细地一步一步带着学生去练习，而且一个

动作会通过几节课来完成。而"洋教师"的上课就相对简单多了,一节课会有很多内容,又是传接球,又是运球。他的讲解不会像中国教师那样一步一步带着做,他会让学生看着他做这节课要学的内容,然后把学生分成若干组用不同的练习手段去体会所学动作,在上课中他不会说动作内容的重难点,他认为每一个细小动作对整个动作都起着不可忽视的作用。

二、八十温榆河体育学科中英足球合作教学的体会

1. 采用快乐教学法,激发足球运动的兴趣

在中英足球合作教学中渗透快乐教学,学生不但能学在其中,乐在其中,获知在其中,对于中英教师而言,也是一种新的教学方法的探索和实践。在足球教学过程中,教师的引导作用十分重要,要在教学中充分彰显出"快乐",更需要中英教师团队围绕教学内容精心设计教案,并根据学情及时调整和丰富教学策略。

图 5-17 外教正在教授盘带

中英教师在经过多次研讨后,设计了多种足球快乐教学方案,并有选择地、灵活地运用于教学中,真正地把"快乐"落实在了足球教学的每一个环节。"快乐教学"既是一种教学理想,也是一种教学形态,足球教学中渗透着快乐教学能使教师教得轻松,学生学得快乐。

和谐的师生关系是足球快乐教学的前提,在足球教学过程中,师生

关系和谐，教师快乐教学的意图学生才能心领神会，学生才能把教师所教的足球知识和动作要领落实和运用到练习中。外教老师要在足球教学中关注和研究学生的心理，学生的情绪变化都会直接影响到他们学习足球的心态，教师应以快乐的心情去感染学生，调节学生学习足球的热情，使他们以快乐的心态参与足球运动。中英教师团队合作过程中，外教老师经常以饱满的热情、帅气的外形、风趣的肢体语言，感染和带动学生的学习情绪。尽管在语言上，外教老师是短板，但是，外教老师由内而外散发出的运动气质、运动魅力，深深地吸引着每一个学生。这一点也正是我们中方教师，在传统的教学模式下，最应该学习和补充的地方。打破传统的教学模式，并非是实际意义上的摒弃，而是要在传统模式下，进一步地开发，进一步地延伸，更进一步地创新。这才是让我们中方教师收获最大的地方。

2. 中英足球教学差异认同，提升教师专业能力

这次中英足球运动的合作与交流，让我们不仅在教学模式上找到了差距，更是让我们在足球这项运动中找到了差距。足球运动作为世界第一大运动项目，运动成绩的强与弱，不仅是代表运动能力的高低，

图 5-18 外教老师正在教授传球知识

更是运动项目本身的内涵和文化底蕴的一种体现。尤其是在基础教学过程中，中西方的教育教学思想，从本质上发生了激烈的碰撞。教与学，

传统的照本宣科式的传授，远输于专业的引领和指导。枯燥固定的教学模式，失去的往往是对生动的教学内容的教学兴趣和热情。在组织课堂教学过程中，认知的差异决定课堂教学的质量。通过多次的深入的与外教老师的研讨，我们发现，文化差异下的教学理念、教学方法、教学评价，都对最终的教学质量和效果起着决定性和至关重要的作用。这是让我们中方教师团队思考的最大问题。比如教学理念，中方课堂教学过程中，我们要求教师要注重学生的"课堂的秩序"，以此来保证授课过程的完整，同时通过"教学形式的多样"，来吸引学生的学习兴趣。而西方课堂教学过程中，要求教师的侧重点却是学生的"不同程度上的参与"和对学生"不同标准下的评价"。我们都知道，学生的学习能力、运动能力、身体素质都存在着客观差异，那为什么学生的学习兴趣就不能有差异呢？一个遵守课堂秩序的学生，对一项运动各样的教学形式都提不起兴趣，那最终的学习效果，在统一的教学评价下依旧为零。这时候我们就注意到，"不同程度上的参与"和"不同标准下的评价"，在教学过程中，对学生的意义有着什么样的影响。简而言之，我们初中阶段的过程性基础教学，用"优良中差"来评定学生对所学技能的掌握程度。而西方教学过程中，"不同程度上的参与"其实就是一种从兴趣出发的教学方法，"不同标准下的评价"却恰恰是对从不同兴趣出发后掌握技能程度最准确的评价。换言之，在培养学生学习兴趣的过程中，永远没有最差，只有自我肯定。

3. 中英合作教学基础上的"超越足球社团"更具魅力

为了更好地开展校园足球文化，让喜欢足球的学生参与到足球项目中来，体会足球运动带来的乐趣，我校在初一年级和初二年级选拔男女部分学生组建学校的运动队，进行每周三次的足球培训课，旨在提高学生身体素质的同时，给喜欢足球运动的学生搭建一个展示自我的平台。经过刻苦的训练，我校女子足球队曾先后在2015年的北京市传统项目学校足球比赛女子初中组赛获得冠军，同年成为北京市奥林匹克教育学校体育后备人才培养基地；在2017年朝阳区"金鹰杯"足球比赛中获女子组冠军。为了让足球扎根我校，我们每学期基本上组织班级间的足球联赛，在比赛中锻炼学生的集体荣誉感，凝聚班级力量，但更重要的是通过比赛使学生除了增强体质之外，还可以磨练意志，培养拼搏意识、竞争意识和团队精神。当然了，比赛有胜负，通过足球进行挫折教育也是一种好的方式，因此，足球进校园，可以让我们的学生受益，也使素质教育进一步回归。

图 5-19　我校女子足球队参加比赛剪影　　图 5-20　我校获得的奖牌

总之，中英校园足球项目是在全球合作愈发密不可分的大背景下中英两国教育方面密切合作的一个代表作，得到了教委、学校、老师、家长尤其是孩子们的肯定和欢迎。当前国家在努力推动校园足球，十年树木百年树人，从中小学生开始通过足球运动锻炼孩子们的毅力、体力和品行，为未来国家足球事业储备力量，这种校园培训形式将成为未来教育的主流之一。同时对孩子们来说，从每天的课堂开始，让足球不仅成为体育课上的一个项目，更成为一种爱好、一种习惯、一种从成长中获取并伴随一生的乐趣来源，这也是这一项目更深远的意义所在。

案例七　八十温榆河分校艺术类课程建设与实施

八十温榆河艺术组　张琳　颜辉

八十温榆河分校传承八十中学"一人一天地、一木一自然，让生命因教育而精彩"的办学思想，将艺术教育作为学校课程改革的突破口，通过艺术教育课程体系的建构与实践，让每个孩子都有某艺术领域的爱好，让孩子们通过感受艺术、体验艺术、享受艺术到追求艺术美，从而改变学生生命的质量，让每个孩子因教育而精彩。

依据学校 7+3 学科课程结构，艺术教研组教师优先进行学科艺术课程改革，构建面向全体的艺术学科基础课、面向有艺术兴趣爱好的艺术学科选修课、面向有艺术特长的艺术社团活动课程的艺术课程体系。在基础课程建设中，发挥学校艺术特色，隔周进行班级合唱艺术教学、班级舞蹈赏析与实践课程的校本化实践，充分利用每周一节必修课时，让每个孩子都能够感受美的艺术，快乐地学习。

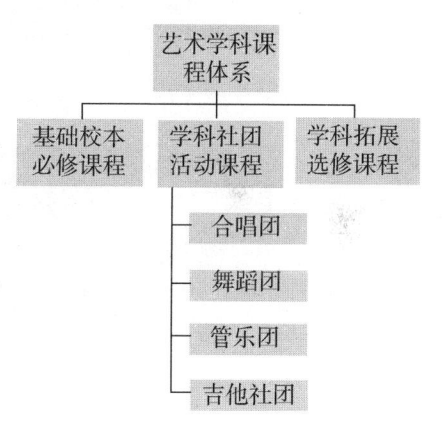

图 5-21　艺术学科课程体系图

学校艺术团共有四大社团组成：合唱团、舞蹈团、管乐团、吉他社团。每周一次社团选修课的排练。其中校合唱团自 2009 年创建以来多次参加中央电视台全国、北京市以及本区的重大演出和比赛，多次获奖，为我校的艺术教育改革打下了结实的基础。2013年被区验收成为我区的朝花艺术团。吉他特色社团、合唱社团与舞蹈社团、管乐团一起加快了我校艺术教育的发展速度。艺术组的老师们齐心协力，并参与了《北京市合唱网络资源的课题》和《普通中学合唱资源开发与利用的实践研究》，积累了一定的实践经验，更利于艺术教育课程的实施与发展。

一、八十温榆河合唱团简介

学校合唱团成立于2009年，由张琳老师亲自创建，从最初的19名团员发展到至今的60名团员。2013年被评为朝阳区朝花艺术合唱团。多年来在张琳和颜辉老师合作指导下，学校艺术团多次参加市、区级以及全国重大的演出活动，多次在艺术节比赛获得佳绩。

图5-22 八十温榆河合唱团

合唱团指挥张琳老师：

中学高级教师，朝阳区音乐骨干教师，北京音乐家协会会员，酷爱合唱，热爱学生，曾受训于全国合唱指挥高级研修班，受孟大鹏和任宝平等大师指导。八十温榆河合唱团创始人。

图 5-23 张琳老师剪影

【合唱团重要成果】

2013 年 1 月参加朝阳区教育系统网络春晚朝阳社团团歌《多彩的梦想》的录制演唱；

2013 年 2 月赴台湾台北中山纪念馆表演大会堂参加"大放异彩——海峡两岸青少年文化艺术交流活动"的演出；

2013 年 3 月 8 日参加朝阳区教委举办的"幸福感恩"三八文艺展演；

2013 年十六届艺术节辅导学生吴旭、张日美、关思琦、吕心蕊获声乐一等奖，获得二等奖的也有 13 人；

2013 年 10 月 13 日与八十中金帆管乐团金帆舞蹈团同台演出"金帆情" 26 周年艺术专场；

2013 年 12 月 13 日与八十中学管乐团在国家大剧院演出专场；

2016 年合唱团参加北京市电视台首届合唱比赛获得金奖；

2017 年 6 月 19 日与我校合唱团、舞蹈团作为八十管乐金帆团特邀助演嘉宾在国家大剧院演出；

2018年朝阳区21届艺术节特色艺术团比赛中获合唱铜奖。

二、八十温榆河舞蹈团简介

学校舞蹈团成立于2012年，由艺术组颜辉老师亲自创建，2016年成为朝花艺术团。社团现有团员30人，每周进行两次训练，并经常聘请北京舞蹈学院舞蹈专业的老师对学生的形体、基本功、舞蹈编排等方面进行授课。设有团长一名、副团长一名配合老师开展工作。我校舞蹈社团本着"舞出青春、舞出活力、舞出精彩"的原则，为学生提供一个学习美、体验美、展示美、创造美的大舞台，丰富了学生的第二课堂，拓展了学生的艺术视野。

图 5-24 八十温榆河舞蹈团

多年来在颜辉老师和舞蹈学院专家的指导下，舞蹈团多次参加区市级以及国家级和电视台举办的重大的演出活动，多次在艺术节比赛中获得佳绩。

舞蹈团导师颜辉：

颜辉老师充满活力，能歌善舞，性格开朗，具有扎实的艺术功底，最大的希望是把快乐传递给学生。在市区教学基本功大赛中曾多次获一等奖，教学论文获市区一等奖。具有丰富的教学经验，指导学生多次获奖。

图 5-25　颜辉老师剪影

【重要成果】

2011 年 4 月，参加朝阳区十四届艺术节舞蹈《和谐中国》荣获北京市三等奖；

2011 年参加十四届艺术节舞蹈比赛获团体三等奖；

2011 年 6 月 23 日应邀参加中央电视台《歌声与微笑》教师节特别节目录制；

2013 年朝阳区第十六届艺术节获市级舞蹈团体二等奖，辅导的张思佳同学获独舞区级一等奖；

2015 年参加朝阳区十八届艺术节获舞蹈《美丽的丑小鸡》三等奖；

2017 年参加朝阳区二十届艺术节获舞蹈《空气救援队》三等奖；

2017年6月19日与我校合唱团、舞蹈团作为八十管乐金帆团特邀助演嘉宾在国家大剧院演出。

图5-26 舞蹈团7位团员作为八十中学金帆团成员参加第22届朝阳区艺术节获金奖

此外，学校于2012年、2014年分别成立了管乐团、吉他社团、中国鼓社团，为学生的个性发展搭建了平台，也极大地丰富了学校的校园文化生活。

图5-27 学校艺术管乐团同学在我校艺术节的表演

图 5-28 2018 年朝阳区 21 届艺术节特色艺术团比赛吉他铜奖

图 5-29 我校中国鼓社团在学校艺术节演出

图 5-30 2017 年 6 月 19 日我校合唱团、舞蹈团参与八十金帆
管乐团国家大剧院演出

129

案例八 八十温榆河分校科技类课程建设与实施

八十温榆河综合实践教研组 尚凯

八十中学温榆河分校成立于 2012 年。2015 年 9 月，学校在中考改革大背景的驱动下进行了教研组的重新整合。信息技术、劳动技术、研究性学习三个综合实践类学科共同组成了综合实践教研组，并以综合实践教研组为核心，调动和组织其他教研组内的教师，统筹引领学校科技领域的课程建设与实施。

一、组建优秀科技辅导员队伍

1. 于冬云 八十温榆河分校校长 地理教师 天文系列竞赛辅导教师
2. 尚凯 信息技术教师 机器人社团辅导教师
3. 崔永磊 信息技术教师 未来工程师系列竞赛辅导教师
4. 荣丽侠 劳动技术教师 未来工程师系列竞赛辅导教师
5. 杨雷 地理教师 研究性学习教师 未来工程师系列竞赛辅导教师
6. 娄昕 物理教师 金鹏科技论坛系列竞赛辅导教师
7. 金鹏林 生物教师 植物栽培系列课程辅导教师
8. 赵伟 化学教师 金鹏科技论坛系列竞赛辅导教师
9. 张腾骏 物理教师 DI创新性思维社团辅导教师
10. 马婷 生物教师 植物栽培系列课程辅导教师
11. 张雪梅 地理教师 DI创新性思维社团辅导教师
12. 刘筠 数学教师 机器人系列竞赛辅导教师
13. 郑毅 数学教师 魔方系列活动辅导教师

科技领域教师团队主要由综合实践组与理综组的教师组成，同时也包括其他教研组内热爱科技教育、愿意为之奉献时间和精力的教师。科技领域教师团队的具体名单和其擅长的领域如下：

表 5-13 科技辅导教师及其履历

姓名	学科	擅长领域
于冬云	地理	天文学、研究性学习
尚凯	信息技术	程序设计、机器人、电子技术
崔永磊	信息技术	程序设计、工程技术
荣丽侠	劳动技术	建筑模型、车辆模型、航空模型、航海模型
杨雪	地理	研究性学习、科技论文
姜珩	物理	科学实验、科技论文
金鹏林	生物	植物栽培、科技论文
赵伟	化学	科学实验、科技论文
张腾骏	物理	科学实验、科学创新、科技论文
马峥	生物	微生物学、生物模型
张雪梅	地理	植物学、科学创新、研究性学习
刘璐	数学	计算思维培养
郑毅	数学	计算思维培养

二、科技领域特色课程建设

科技领域的课程注重技术的应用，但不意味着忽略知识。综合实践教研组的成员们认为，将技术与人分享，合作探究，并将探究结果带着批判性的眼光进行整理、分析，便可化为自己的知识积累。用敏锐的目光发现现有技术中的问题，并创造性地利用知识积累解决这些问题，知识就可以反哺技术，将现有技术加以改进和完善。因此，科技领域课程的整体目标就是围绕着知识与技术，培养学生的合作意识、批判精神、创意思维与坚毅品格，并帮助学生建立科学思维。

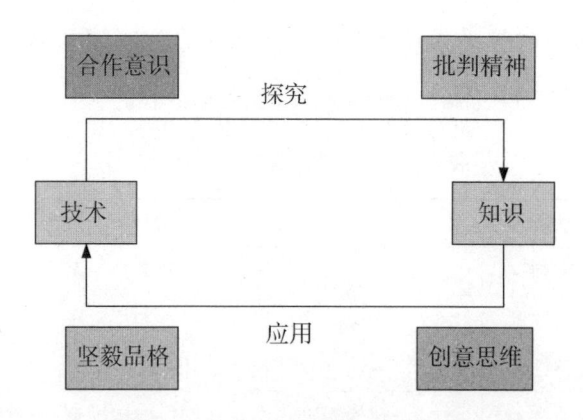

图 5-31 科技领域课程建设结构图

结合学校提出的三级立体分层课程结构，综合实践组经过长期的讨论、思考，逐步梳理出科技领域课程建设的三个主要思路。

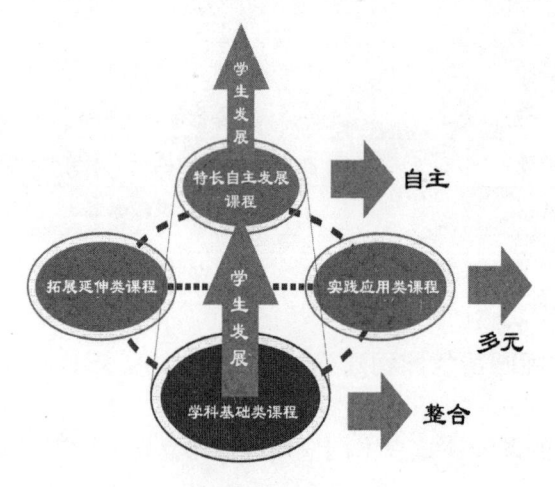

图 5-32 科技领域课程建设主要思路图

第一，结合最新技术与实际学情，补充、完善、整合国家课程，为学生提供更好的学科基础类课程学习体验。

第二，基于科技领域教师团队各自的不同特点，建设丰富多彩和多元化的科技类校本课程，满足学生的个性需要。

第三，让科技类学生社团服务于学生的自主发展，突出学生的主体地位，"将社团还给学生"，使学生成为社团的真正主人。

科技领域教师团队经过多年的发展，目前已有多门成熟的校本课程，以综合实践教研组教师主导的课程为例，最具代表性的两门校本课程为《Arduino 机器人设计与制作基础》与《基于 Python 语言的机器人程序设计》。

《Arduino 机器人设计与制作基础》以成本低廉的 Arduino 开发板作为编程工具，通过塑料颗粒积木作为结构件，帮助学生初步了解机器人结构、传感器原理等知识技能。《基于 Python 语言的机器人程序设计》则以 micro：bit 控制板作为载体，以机器人创意制作为课程主线，帮助学生提前接触 Python 语言，实现初高中学段的衔接。教研组基于这两门课程编写了对应的校本教材。

表 5-14 Arduino 机器人设计与制作基础 课程大纲表

第一讲	认识 Arduino
第二讲	数字信号输出——SOS 信号灯塔
第三讲	数字信号输入——电报机
第四讲	模拟信号（PWM）输出——变色台灯
第五讲	模拟信号输入——电吉他
第六讲	基础动力：电机——舂米机
第七讲	基础动力：舵机——汽车雨刷
第八讲—第十讲	综合实践——智能道闸

表 5-15　基于 Python 语言的机器人程序设计　课程大纲表

第一讲	micro：bit 与 MicroPython
第二讲	顺序结构——跳动的心
第三讲	循环结构——简易数字时钟
第四讲	分支结构——情绪显示器
第五讲	加速度传感器——翻转亮屏
第六讲	电子罗盘——指南针
第七讲	无线通信——简易电报机
第八讲——第十讲	综合实践——赛车游戏

科技领域学生社团高度依托于国家基础课程与校本特色课程。兴趣爱好强烈、特长领域突出的学生在这两类课程中脱颖而出，组成科技社团。2013 年，学校第一个科技类社团——智能机器人社团成立，并在几年的时间里逐渐发展成熟，成为科技类社团中的中流砥柱与典型代表。随着越来越多的教师作为科技辅导员加入科技教育领域，学校逐渐基于各类竞赛，发展出了科技模型社团、生物模型社团、未来工程师社团、OM 头脑奥林匹克社团等学生团体。通过各类竞赛，培养学生的科学思维与实践能力。

在"将社团还给学生"的社团发展理念的驱动下，科技类社团在几年的过程中，逐步从"教师的课堂"转变成"学生生命绽放的乐园"。从单纯为竞赛服务，逐步转型为鼓励学生发挥自己创意的平台。教师作为科技社团辅导员，成了科技社团的幕后支持者，学生以某个项目或某个作品为目标导向，在教师的帮助下制订计划，自主安排课余时间进入实验室执行计划，同时，需要定期向教师汇报进度，接受检查。每年都有多名学生在社团活动中发掘到自己的兴趣点，并为之付出时间和汗水，最终实现自我提升。

三、科技领域特色课程建设成果

学校的科技领域在近年的发展过程中，依托于领导的关怀与教师们的合力奋斗，成长迅速，多次获得各类区、市级奖项，成为朝阳区科技教育示范校。相信在未来的发展道路上，学校的科技领域课程也会继续在八十温榆河分校优秀课程理念的指引下，帮助更多的学生和教师实现自我提升，展现自我价值。

表 5-16 科技领域特色课程建设成果列表

奖项名称	获奖时间	颁奖单位
2014 年北京市青少年智能机器人工程挑战赛 VEX EDR 项目二等奖	2014 年 12 月	北京市教育委员会
2015 年朝阳区中小学生科技模型嘉年华系列活动团体一等奖	2015 年 11 月	北京市朝阳区学生科技节办公室
2016 年"第十二届朝阳区青少年机器人大赛"VEX 机器人工程挑战赛初中组一等奖	2016 年 2 月	北京市朝阳区教育委员会；北京市朝阳区科学技术协会
机器人社团荣获"2016 年朝阳区优秀中学生社团称号"	2016 年 5 月	共青团北京市朝阳区委教育工作委员会
2016 年北京市朝阳区中小学生金鹏科技论坛活动一等奖	2016 年 12 月	北京市朝阳区学生科技节办公室
第三十四届北京学生科技节——北京市第十七届中小学生金鹏科技论坛活动初中组二等奖	2017 年 3 月	北京市教育委员会
2017 年朝阳区第七节中（职高）小学生创新性学习成果评选活动铜奖	2017 年 12 月	朝阳区教育委员会

案例九 基于学生"六品"培养的课程建构与实施

八十温榆河分校　于冬云　解强　王维维

一、问题的提出

（一）国家"立德树人"根本任务的校本化实施的需要

培养什么人，是教育的首要问题。坚持立德树人，培养德智体美劳全面发展的社会主义建设者和接班人是我国教育的总目标。作为基础教育阶段的学校，需要结合学校的办学条件、学生情况、学校文化在国家教育总目标的指引下建构起自己的学生培养目标和育人路径，八十中温榆河分校是一所位于朝阳区城乡接合部的农村薄弱初中校，学生"六品"培养目标体系的建构与实施正是在这样的背景下形成的，回答了像温榆河分校这类薄弱农村初中要培养什么人、怎样培养人的重要问题。

（二）推动城乡义务教育均衡发展的需要

习近平总书记指出，推动城乡义务教育一体化发展，高度重视农村义务教育，努力让每个孩子都能享有公平而有质量的教育。八十中温榆河分校的重要使命就是将八十中学教育集团优质教学资源引入农村学校，促进地区教育均衡发展。为实现这一目的，学校传承八十中教育观和办学文化，立足温榆河分校的实际情况，探索出一套适合温榆河分校的学生培养目标体系。

（三）提升学校教育教学质量的迫切需要

坚持德育为先，突出德育实效，是促进学校内涵式发展的重要举措。温榆河分校自2012年加入八十中教育集团后，面临着教育教学质量提升的巨大压力，为此，学校提出"文化铸魂、课程立校"的办学思路，学生"六品"培养目标体系的设计与实施便应运而生，成为学校德育管理体系的核心。

二、学生"六品"培养目标的内涵与解读

（一）学生"六品"培养目标确定思路

国家立德树人根本任务
- 德智体美劳全面发展的社会主义建设者和接班人

八十中办学思考
- 办学思想：一人一天地，一木一自然，让生命因教育而精彩
- 校训：勤奋、求实、创造、奉献
- 培养有理想、强体魄、会学习、善合作的创新型人才

温榆河校本化
- 构建生命绽放的乐园
- 培养基于"礼、善、真、勤、品、毅"的"独立自信、端庄优雅"的现代绅士、淑女

图5-33　学生"六品"培养目标确定思路图

在坚持立德树人的前提下，结合八十中学的教育理念，本着"品格第一，立足实际"的原则，确定了八十温榆河分校学生发展目标。

（二）学生"六品"培养目标内涵表达

基于"礼、善、真、勤、品、毅"的"独立自信、端庄优雅"的现代绅士和淑女。

（三）学生"六品"培养目标内涵解读

现代绅士、淑女是对我校学生培养目标高度凝练的一个概念，它并

礼：明礼守法　秉行正义
善：爱己及人　心怀感恩
真：严谨科学　求真务实
勤：勤学善思　身体力行
品：涵泳浸润　志趣高雅
毅：坚毅果敢　自强不息

八十校徽　　八十温榆河六品花　　八十温榆河六品格

非指西方文化体系中的"绅士、淑女"，而是一种我们对现代及未来人才所具备的品格气质的高度概括，即具有"独立自信的内在气质、端庄优雅的外在举止"的人。这里既有传承于中国传统文化中"君子""淑女"品格，比如"爱己及人""明礼守法""自强不息""涵泳浸润"等；也吸收了世界上被大众普遍认可的文明，比如严谨务实的科学精神、勇于反思质疑的批判精神等，还结合了八十中校训"勤奋、求实、创造、奉献"的具体内涵。因此我们将绅士淑女的外在表现凝练为守礼、向善、求真、务勤、致品、弘毅六大品格，这也是对我校学生培养目标进行评价考量的标准尺度。

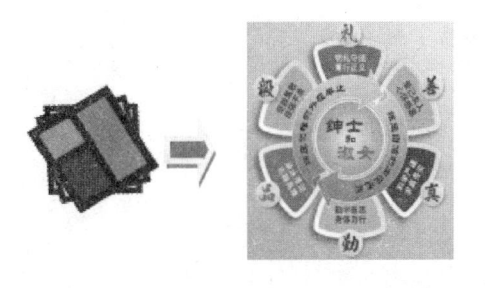

礼："礼"的甲骨文形体 像许多打着绳结的玉串和有脚架的建鼓，表示击鼓献玉，敬奉神灵，本义是"举行仪礼，祭神求福"，后引申出庄重的态度、言行的意思。《论语》中有："不知礼，无以立也。""道之以德，齐之以礼，有耻且格。"可见礼是立身之本，也是与道德相配合的一种社会规则，我们对它的诠释是"明理守法，秉行正义"，我们要求我校学生不仅要继承中国重视"礼"的传统，做到学习生活中尊敬师长、待人有礼、用语文明，还要积极主动学习不同文化、情境之中的礼仪制度，做到待人接物讲礼，言行举止合礼。更要严格遵守各

项法规制度，不做违法违规的事，心怀正义，见义勇为，运用法律或其他正当渠道维护社会正义，促进社会和谐。

善："善"的甲骨文形体 ![字形] 指羊的眼睛，表示眼神安详温和，造字本义为形容词，神态安详，言语亲和，引申义为仁慈的、有良心的、友好的等。"人之初，性本善"，善良是人的本性，需要强化、扩大，《孟子》和《礼记》中均有"老吾老以及人之老，幼吾幼以及人之幼"的表述，这是善的进阶，所以我们对它的诠释是"爱己及人，心怀感恩"，希望我校学生有一颗善良的心，对自己、自己的亲人有爱，将这种爱推广开来，对自己的朋友、生活中的陌生人都可以温柔善良相待。在学习生活中，常怀感恩之心，积极参加公益活动，用自己的行动为他人、社会做出贡献，让人们因自己的存在更幸福。

真："真"的金文形体 ![字形] 由 ![字形] （卜，神杖）和 ![字形] （鼎，祭祀神器）组成，表示用神鼎占卜。造字本义为占卜如验的贞人，后引申为本性、原本面目真相等。马克思主义理论中经常会提到"求真务实"，也有许多人说"科学精神的本质在于求真"，所以，我们对"真"的诠释是"严谨科学，求真务实"，希望我校学生要养成严谨周密、求真务实的科学精神，面对问题，要养成"大胆假设、小心求证"的习惯，不说大话、假话、空话，做诚信人，讲诚信话，能够结合自身的处境和实际做出规划，努力走好人生的每一步。

勤：《说文解字》解释字义为"勤，劳也"。本义为（自己或逼迫别人）积极地用手力揽一切艰辛事务，之后，词义扩大为忍耐吃苦的、不懈努力的。《中庸》一书中说："博学之，审问之，慎思之，明辨之，笃行之。"意思是要广泛地多方面学习，详细地问，慎重地思考，明确地分辨，踏踏实实地行，这是基本的治学求进之道，我们对"勤"的诠释是"勤学善思，身体力行"，希望我校学生要培养勤学善思、勇于奉献的品质，学习中转益多师，勤勤恳恳，重视过程中的每一份付出，生活中勤劳肯干，善于反思，养成多角度地认识、思考和解决问题的习惯，尝试创新，肯于为自己、为他人、为社会的进步做出辛勤的努力，在实践中增长智慧和才干。

品：品字是由三个"口"组成，表示吃好几口，非一大口吞下。造字本义为一小口一小口地啜吃，慢慢地辨别滋味，享受食物，后来引申出品味、等级（品位）、类型等词义。对于这一意境，朱熹曾谈到读书时说道："循序渐进，熟读精思，虚心涵泳，切己体察，着紧用力，居敬持志。"主张将自己沉浸在这一方天地之中，慢慢体察它的妙处，我们对品的诠释是"涵泳浸润，志趣高雅"，希望我校学生要成为志趣高雅、品味非凡的人，养成读书、实践的好习惯，沉浸于经典作品和社会实践，从中汲取智慧和营养，涵养性情。积极参与艺术活动，发展艺术欣赏能力，提升审美情趣，增长才干，历练本心，做生活的有心人，过有品质的生活。

毅："毅"是由 ![](辛，尖刀，比喻箭猪身上的箭刺）、![](豙，野猪）、![](殳，搏杀）三部分组成，表示捕杀箭猪。本义为意志坚强、果断，之后词义引申为勇敢的、坚韧的。《周易》很早就体察到了人的这种精神，说道："天行健，君子以自强不息。"意思是天（即自然）的运动刚强劲健，相应地，君子处事，也应像天一样，自我力求进步，刚毅坚卓，发奋图强。所以我们对"毅"的诠释是"坚毅果敢 自强不息"，希望我校学生形成坚毅果敢、自强不息的品格，面对问题和困难，都要勇于承担、乐观面对、积极寻求解决的方法。无论是身处顺境还是逆境，都保持不懈奋斗，百折不挠，坚韧前行。

三、基于学生"六品"培养目标的德育课程设计

以学校"三级立体分层"课程总结构指导学校德育领域课程建设：以品格、才华、领导力为主要维度系统设计学校德育课程体系。如下图。

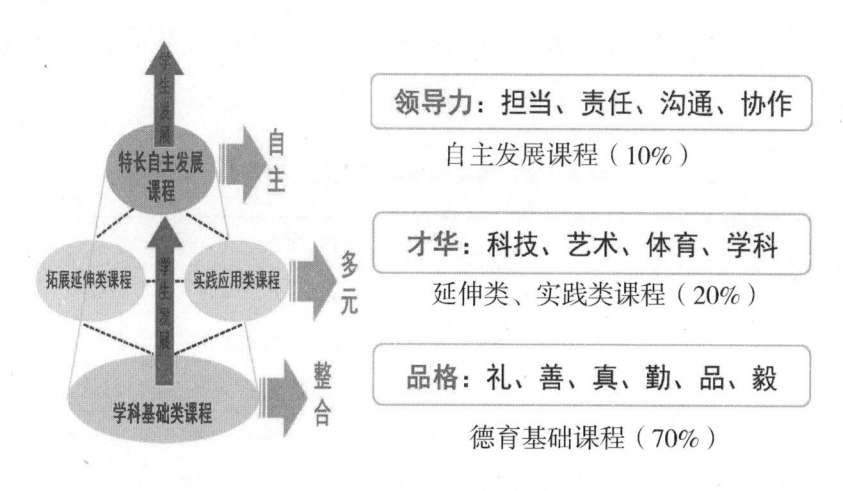

图 5-34 学校德育课程体系图

（一）基础必修类德育课程——品格维度

基础必修类德育课程以学生六大品格培养为核心，将升旗仪式、主题班会、社区服务、社会实践、劳动课程、生活课程等贯穿始终，紧密围绕年级德育主题，每学期各有侧重开展，学生发展处综合调控之下将课程自主权利全部下放年级组长，由年级组长作为基础必修课程的第一责任人，根据本年级学生实际自主开展（见表 5-17）。

表5-17 各年级德育主题教育重点

年级	德育主题
七年级	重习惯与养成，让好习惯一生相伴，让好品行铸就人生
八年级	重责任与研学，让负责任落到实处，让会学习成就人生
九年级	重理想与感恩，让树理想引领导航，让懂感恩回报人生

为了更进一步落实和细化各年级的德育主题，综合各年级学生的认知特点、文化课教学进度等多方面要素，设计了以"礼善真勤品毅"六品格为主要内容的课程内容（见表5-18）。

表5-18 各学期德育课程内容分布

学期	品格	课程设计
七（上）	礼善真勤品毅	1 升旗仪式　2 礼仪规范　3 诚信教育　4 法制教育
七（下）		5 孝子行动　6 我爱我家　7 儒家文化　8 志愿服务
八（上）		9 科学体验　10 榜样力量　11 创新大赛　12 科技论坛
八（下）		13 学农体验　14 生活课程　15 学业竞赛　16 研学实践
九（上）		17 读书推介　18 学法交流　19 辩论大赛　20 职业体验
九（下）		21 百日誓师　22 心理调适　23 泰山之巅　24 毕业典礼

基础必修类课程是每一位八十温榆河分校的学子在校学习期间完成的课程内容，其由学校德育处统一进行开发、实施、评价。经过几年的实施，基础必修类课程愈加完善，育人效果也十分显著。

(二) 自主选择类实践课程——才华维度

学生自主选择类实践课程是针对学生在学习了基础类课程内容之后，根据自己的兴趣爱好和发展潜能而自主选择的课程，将选择权交还给学生，深受学生喜爱与发展。主要有两类：一类是由教师开设的社团选修课程，教师根据本课程的内容和方法组织学生开展活动；还有一类是学生自主社团，完全由学生根据自己的兴趣与爱好申请成立，从组织者到社员全部都由学生担任，教师担任指导、宏观调控的功能。

学生社团课程的审批程序是根据课程申报→课程论证→课程宣传→自主选课→课程实施→课程评价等一系列流程开展，环节缺一不可，完全实现了将社团与学生发展紧密管理起来。时至今日，我校已拥有合唱团、舞蹈团两个"朝花艺术团"、吉他社团、中国鼓社团、美术创作社团、书法社、学生心灵关爱社团、志愿者协会、诗社、话剧社、机器人社团、美食家社团、"朝跃"足球社团、篮球队、街舞社等精品社团，充分展示学生的才华。

（三）学生领导力课程——领导力维度

学校为发挥学生的领导力潜质，通过班委会（学生干部）、年级、学校学生会、学生精品社团、团队活动等课程，培养学生的领袖气质和领导力，重点围绕学生的沟通协调能力、创新创造能力、担当精神、责任意识等方面开发课程，在学校大型活动中担当主要任务。

四、学生"六品"培养目标实施路径建构

中共中央、国务院《关于加强和改进新形势下高校思想政治工作的意见》（中办发〔2014〕59号）提出"三全育人"，即全员育人、全程育人、全方位育人。《中共中央 国务院关于深化教育教学改革全面提高义务教育质量的意见》中指出：坚持"五育"并举，全面发展素质教育。突出德育实效，深化课程育人、文化育人、活动育人、实践育人、管理育人、协同育人。八十温榆河分校在学生"六品"培育目标引领下，重点设计实施路径，以期达到更好的育人效果。

(一）将育人目标纳入学校文化建设体系，实施文化育人、环境育人

在学校"文化铸魂"办学思路引领下，系统构建学校文化体系，将理念文化、管理文化、课程文化、教师文化、育人文化（学生文化）、校园文化系统设计，将育人目标作为学校文化建设的一部分，充分体现全员育人、全程育人、全方位育人。

案例：校园环境景观文化——外显突出内涵，润物无声

学校在校园环境文化建设中以"让每一张展板真正会展示，让每一面墙壁真正会说话，让每一处景观真正会倾诉，让每一个景致真正会萌发"为目标，确立了"校园内部环境文化建设——营造书香校园文化；校园外部环境文化建设——打造特色校园文化"的整体策略。在学校外部环境文化建设方面，始终贯穿中华优秀传统文化内涵蕴含其中的主线，将中华优秀传统文化与现代学校环境建设有机融合，真正做到环境育人、景观育人。校园文化景观不是静止孤立的存在，而是中华传统文化及办学理念的鲜活代言，是先进文化及校园特色的灵动展现。其中六大特色文化景观设计及内涵挖掘如下。

愿景之墙将点亮师生的人生航程，激励师生们积极进取、奋勇向前，也意味着我们学校将带领全体师生脚踏实地，求真务实地做教育，谋发展，创品牌；温榆之水体现我们学校师生会如水那般柔韧谦和，胸怀荡然，我们会尽自己最大的力量去帮助他人，服务社会，而不会去争一时的名利与浮华；智慧之门矗立在金色的阳光之下，刚正不阿的力量油然而生，体现我们学校校园文化的本真和质朴；特色长廊是由科技、体育、艺术三个单元共同组成，深刻体现了我们学校力求让每一个学生在这里潜心学习，刻苦钻研，戒骄戒躁，让他们的志趣得到发展，生命得以绽放；礼信广场体现了我们学校力求让温榆河分校的每一个学生都

成为君子，有自己所追求的人生目标和理想，并为之一生拼搏奋斗；育才大厅汇聚了温榆河人的无穷智慧和美好愿望，我们要在自己的本职岗位上勤于钻研，要为学校建成师生"生命绽放"的乐园贡献自己的力量。

（二）将育人目标作为学校课程实施的重点，实施课程育人、学科育人

◆学校用大课程观引领学校课程建设，将德育课程纳入学校课程整体架构，制定每日7+1课程结构，与学科课程一起分学段具体实施。

◆在学科课程视域下"生命课堂"教学中，倡导学科育人。学校倡导全体教师要用心灵教书，为深刻而教、为有效而教。在课堂教学中，要融入社会主义核心价值观，要贯彻立德树人根本要求，要培养温榆河学生六品格。

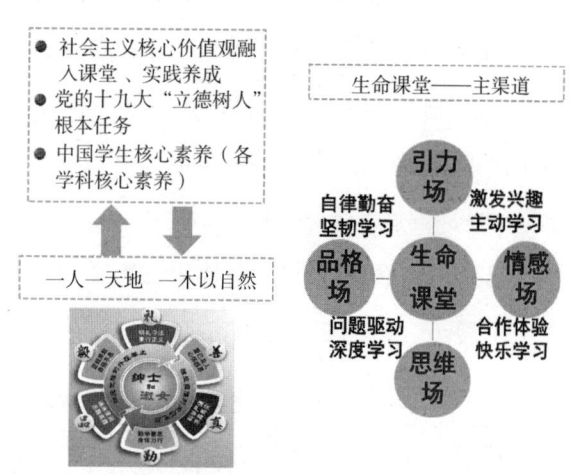

图5-35 生命课堂作用图

（三）将育人目标作为学校大型主题活动载体，实施活动育人、实践育人

学校自成为八十集团成员以来，每学年开展教育教学基本功大赛活动。在每一届教学基本功大赛中，都将立德树人根本任务在学科课堂中的体现作为课堂教学评价标准，其中落地的是学科核心素养及学校六品格育人。每年的德育基本功大赛，都会依据学校六品育人目标的理解及六品育人目标进行主题班会设计并实施，全体师生参与，达到很好的育人效果。如2017年学校第五届教育基本功大赛的主题为"修身正心·文化育人"，以教师提升品格修养，浸润式地促进学生"六品格"发展，这一届的主题班会有"因你而幸福""我很重要""在逆境中成长"等；2018年第六届教育基本功大赛的主题为"明德昭行·潜心育人"，意在引领教师将培育学生显性化，做其更加自觉地育人，这一届的主题班会有"家道酬和""一路奔跑·一路感恩""悦己·怡人"等；2019年第七届教育基本功大赛的主题为"文化润心·品格铸魂"，意在进一步将学生品格养成夯实，本届主题班会有"崇德向善""致敬经典，阅读分享""坚持到底，剩者为王"等。

学校每学年5月份，都会在八十中大礼堂开展文化节活动，文化节上学生各类社团精彩展示，六品少年颁奖活动震撼师生、家长。

图5-36 5月文化节学生表演及表彰会

为了适应北京教育改革的要求，使学生贴近社会生活，在更加广阔的社会大课堂开展学习，学校开设了社会实践课程。我校结合北京市教委所倡导的"四个一"社会实践活动的要求，开发设计了我校的社会实践课程群：常规课程有离队建团、少年先锋岗、学工学农、学科实践、百日誓师等；精品特色课程有人生远足，我校分别在初一、初二第二学期组织学生人生远足，活动有山东"三孔六艺"传统文化研学游、宁夏"塞外风情"西北民风研学游、探寻中原文化（河南）研学游、华东吴越文化研学游等。通过常规课程，将主题教育融入其中，通过特色课程人生远足，增长学生的见识，开阔学生的视野，丰富学生的人生阅历。

　　为培养学生的服务意识和服务能力，学校开发设计了志愿服务课程，既锻炼了学生的能力，又让学校的办学成果服务社区。几年来，学校学生发展处和团委定期组织学生前往马南里社区、地铁十五号线崔各庄站、和平医院、仁爱敬老院等学校周边社区进行志愿服务，也会组织学生自主开展力所能及的志愿服务活动。用行动引领情怀，用服务感恩社会。并将每年的五月和十月定为学校"志愿服务月"。

图 5-37　案例："品轩"之综合社会实践活动课程群

（四）学校、家庭和社会有效合作，实施协同育人

德育课程的实施主体不再局限于课程开发者和学生，而是包含了学生学习课程时涉及的相关主体，比如学生家长、全体教师、班主任，使得学生的课程学习不再只是知识的获得或习惯的养成，而是一种多主体的互动活动，在这种互动中，调动学生的主体参与认识，调动全体教师、学生家长等多个主体参与其中，建成一个学生成长的良好环境，让育人不再是班主任一人之事，也延长了育人的实效性，这种内在调动与外在环境的营造也暗合了国家倡导的"立德树人"的要求，促进了几大主体之间的和谐关系。

学校德育课程实施的主要途径是课程主要内容的设计，一方面加强课程在育人方面的主渠道作用，在课程实施中强化育人的效果，落实好社会主义核心价值观与学科的融合；另一方面，狠抓教育专用课的数量与质量，比如利用班会课和年级会时间开展系列主题教育活动，通过学校教育基本功大赛提升育人能力，校园文化艺术节为学生搭建展示自我的舞台，利用家庭教育、社会大课堂教育、同伴教育等形式多样的教育活动开展育人工作。

图 5-38　家校协同育人——家长会、家长委员会

五、学生"六品"培养目标的评价设计

经过不断的摸索与实践,学校也逐渐形成了"每日综合素质评价、每周班级德育量化、每月'六品少年'评选、每学年'感动温榆河'人物评选、每三年优秀毕业生考核"覆盖全时段评价体系和"学生自评—班级德育量化评比—学校学生发展处综合考核"三级评价的评价反馈机制。

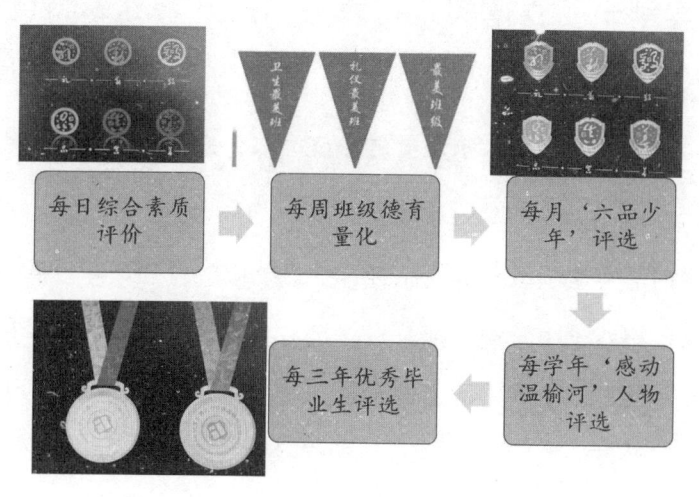

图 5-39 全时段评价体系图

明确的育人目标、丰富的育人课程、多元的实施路径、全方位的评价设计,为学生的个性、全面、可持续发展搭建了平台,一批批优秀学子考入八十中学、北大附中、清华附中、潞河中学等市重点高中。要想学生发展,教师必先发展自己。在学生"六品"目标体系引领下,全体教职员工正身育德、宽容大爱、严谨执教、恒学善研,引领着学生们卓越成长。温榆河七年实践,全体教职员工的师德水平、专业能力得到很大的提升。学校曾获得北京市三八红旗及 2018 年朝阳

区骨干评审，学校区级以上骨干人数达到31人次，占一线教师比例51.6%。学校的办学质量得到了当地百姓、地区政府、区教委的充分的认可与信任。教委多次推荐各类媒体探访并广泛报道。学校还成为朝阳分院干部培训基地，还承担北京师范大学、清华大学干部教师"国培"项目。

案例十　立德树人育六品　提升素养彰特色
八十温榆河分校"六品"特色课程开发与实施

八十温榆河分校　郑志宏

在贯彻落实全国教育大会精神，推进朝阳教育强区建设的伟大征程中，北京市第八十中学温榆河分校立足自身发展实际，着眼学生成长根本利益，坚持以学生为中心，以发展为要旨，在教育发展的新形势下规划、设计、开发、实施了"六品"课程（含"六品"评价体系）。

一、课程开发立意

第一，为了切实贯彻落实立德树人根本任务和社会主义核心价值观，提高学生的核心素养。

第二，为了丰富学校课程内容体系。在温榆河分校既有课程的基础上，着眼于学生素质发展，"六品"课程进一步充实了学校校本课程内容。

第三，为了促进学生全面发展和打造学校的特色与文化，"六品"课程以学生品德发展目标为内涵，不仅引领学生成长，也充分彰显学校文化特色。

二、课程开发创新点

学校坚持立德树人，在培养合格的社会主义建设者和接班人的总目标指引下，形成了我校学生发展目标。独立自信、端庄优雅的"现代绅士和淑女"是我们对现代及未来人才所具备的品格气质的高度概括，具体从"礼、善、真、勤、品、毅"六大品格阐释。这里既有传承于中国传统文化中"君子""淑女"品格，比如"爱己及人""明礼守法""自强不息""涵泳浸润"等；也有吸收了世界上被大众普遍认可的文明，比如严谨务实的科学精神、勇于反思质疑的批判精神等；还结合了八十中学校训"勤奋、求实、创造、奉献"的具体内涵。六大品格各自独立，又有机融为一体，将八十中学学生培养目标温榆河化。品格定位，鲜明突出，内涵递进，富有层次；又脚踏实地，求真务实。

学校进一步研发的"礼、善、真、勤、品、毅"为六品格课程群中的一隅。根据"六品"精神核心，汇聚中华优秀传统文化典型素材，挖掘现代社会生活与世界多样文明中的优质教育资源，从而形成课程内容。在本课程的学习中，希望学生们以开阔视野、发展素养为目标，通过学习过程积累生活阅历、汲取精神滋养，促进自己对"六品"精神的深度认识与思考，实现精神的浸润，将"六品"内化于心、外化于行。

三、课程实施原则

1. 理论与实践相结合

依托学校培养目标，研制"六品"学生文化的内涵，探索"六品"

文化与课程建设的实施路径；对接当前国家教育改革发展的新形势与新要求，邀请和组织学术专家和学校管理与业务骨干进行研讨，实现"六品"实践的目标与方案的科学化。

2. 传统文化与现代意识相结合

根据"六品"精神核心，汇聚中华优秀传统文化典型素材，挖掘现代社会生活与世界多样文明中的优质教育资源，从而形成课程内容，促进学生对"六品"精神的准确认识，将"六品"根植于心。

3. 整体与局部相结合

分别聚焦"礼""善""真""勤""品""毅"六个品质，注重深度挖掘与拓展发散，促进学生视野开阔与精神丰富；汇聚"六品"作为整体，系统规划课程，确保"六品"教育特色是作为学校学生精神品质的完整精神特质。

4. 有形外显与修为内隐相结合

实施有形课程、有形文化、有形活动，在课程—文化—活动三大教育渠道之中，一以贯之落实和渗透"六品"精神灵魂，形成学校和学生的气质与个性，凝聚学校育人品牌。加强学校文化符号系统的研制，凸显学校环境文化的"六品"精神，实现对学生精神的浸润。

四、课程的开发和管理

1. 加强理论指导

为确保课程质量，在课程开发与研究过程中，聘请国家、市、区级教育研究专家以及北京师范大学等高校的专业人员对课程内容与方案进行了充分的研讨论证。

2. 贯彻办学理念

"六品"课程的开发融入学校的办学理念，确立了学生的"六品"培养目标，并以校本课程的形式进行，形成了十分完整的"六品"校本课程体系。

3. 注重课程的整体设计

（1）"六品"课程开发的内容主要包括课文编写、教学设计、学习单设计、教学课件制作以及丰富的音频视频资源收集整理。

（2）"六品"课程编写的课文既有相关的理论阐述，又有丰富的案例分享，理论与实践密切关联，尤其注重课程的实践性。

图 5-40 "六品"课程编写课文示例

（3）"六品"课程的教学内容和教学方式丰富多彩，有丰富的活动，尤其是相关资源，既贴近学生生活实际，又紧扣时事，时效性高。

图 5-41 "六品"课程教学内容示例

(4)"六品"课程教学课件也有整体的风格,学习单和课文都有专业精美的编排,形成了独特的风格,深受学生的喜爱。

图 5-42 "六品"课程教学课件、学习单、课文示例

4. 重视课程开发过程的研讨和修正

（1）组建课程开发研制小组，在工作进程中坚持交流研讨，不断修正对"六品"的理解，深化对课程的认识。

（2）每次课程实施之前与之后，课程开发者和实施者都进行面对面对话交流，结合授课教师的教后反思进行研讨，再根据这些相关信息对课程进行进一步完善。

（3）重视课程修习者的学习感受，坚持收集学生的各种课堂反馈，接受学校课后调查的反馈，不断研讨、修改和调整。

> 这次授课也比上次流畅很多，时间把控方面也比较注意，既给了学生充足的发言时间，也把本堂课的内容都讲完了，活动也都进行了。
> 纪律方面比上次控制得好，在出现纪律问题时，能够借助本堂课学习内容加以提醒。
> 需要改进的是，实现教学资源的有效利用，让每个资源都能带着学生走到设想的教学目标。在对学生诱导启发方面还要加深，让同学们都对本堂课内容有个更深层次的理解，加强记忆。

> 总体来说，课程内容讲解的比较连贯，具体表现在
> 1.课堂内容讲的比较全面，能够开展许多活动调动积极性。
> 2.故事讲解方面，讲的故事很切入主题，也很详细。
> 但是还有一些需要改进之处
> 1.课程缺一些资料。
> 2.课的难度有点大。资料上可以多给一些字词加上翻译，要不然读不懂，还得花时间讲解。
> 3.一些与实际生活有关的要多举例，应当多给一些生活例子，更能体会到课程内容。

图 5-43　学生课堂反馈

五、实施方式

1. "六品"育人文化品牌研讨活动

邀请中国教育科学研究院、课程教材研究所、北京市教育科学研究院、朝阳区教研中心等国家、市、区教育专家及北京师范大学、北京教育学院等高校的学者，聚焦"六品"育人文化品牌内涵与实施路径，进行研讨，确定学校育人特色品牌科学方案。

2. "六品"系列专题课程

结合"六品"精神内涵，遴选优质而适切的课程内容，邀请校外专业人士作为授课专家，为学生开设系列专题课程，将"六品"精神内涵进行系统阐释和丰富，形成全体师生的共同教育共识。

3. "六品"文化符号系统建设

设计和制作校园"六品"文化标志和学生"六品"文化符号徽章，建立"六品"育人文化VI（平面视觉）系统。

六、课程开发的成效

（一）形成完备的可持续的课程资源

本课程在完成 36 课时教学实践的过程中，围绕"礼、善、真、勤、品、毅"六个主题，编排了 6 篇体例一致、图文并茂、知性并重、篇幅精当的阅读课文，总计 3 万余字；此外，还在开发过程中搜集储备了教学需要的备用资源共 6 万字；配合课堂教学为学生设计主题学习单 6 份，面向全体学生印制了 300 份；制作教学课件 6 个。

图 5-44 "六品"课程课堂教学场景

(二) 提升了学生的品德认知水平与综合素质

六品课程不仅提高了学生的品质素养,而且为处于性格塑造期的学生们指明了积极健康的方向;不仅启发了思考,而且开阔了眼界,提升了学习兴趣,锤炼了班风学风,为学生接下来的学习生活和将来的发展都奠定了宝贵的精神品质基础。

立德树人是教育始终必须关注的精神内核，培育品格也是学生一生需要努力的成长主题。依托学校教育的有力引导，凭借学生生活的广泛实践，温榆河分校的孩子们一定能成长为一批批出色的"绅士"与"淑女"。

附：学生学习心得摘录

学完"毅"的课程我收获很多。老师的课堂内容讲得比较全面，能够开展许多活动调动积极性。还有老师讲的故事很切入主题，也很详细，很启发我。我已经暗暗决定自己从现在开始磨练自己坚毅的品质。

——七年级一班学生

通过这节课，我们深刻感受到了"善"，善主要分为两部分：向他人行善和向父母感恩。"爱己及人"就是将爱心传递给他人。爱心是双向的，将心比心，那么这个社会会更加美好。"心怀感恩"就是向父母做贡献，来回报父母对我们这么多年的帮助与关怀。"百善孝为先"，父母的关怀是无微不至的，既然如此，我们为什么不把自己的爱多一点给父母呢？所以，从今往后，让我们为他人服务，为父母服务吧！

——七年级二班学生

在今天，利用这段时间，老师给我们讲了关于"善"的一系列的警句，我还知道了我们在为别人服务的时候，也有许许多多的人在为我们服务的道理，也明白了帮助他人就是在帮助自己。

——七年级三班学生

在班级中，要从我做起，从小事做起，积极主动地干好每一份工作，有一份热就应该有一处在发光。这就是我这节课最深刻的一点体验。

——七年级四班学生

通过本节课的学习，我学会了什么是礼，不仅要注意自己的言行举止，还有着装场合，更要保持礼的本质是尊重。课堂上的图片和视频，还有老师举行的场景演练的礼的活动以生动有趣的方式让我们去践行礼仪。

——七年级五班学生

学完"礼"我有很多感想，除了同学们都说到的，我认为更重要的是，通过这门课我们认识到了破坏规则的危害，不仅可能伤害自己，更会危及他人的安全、社会的稳定和国家的发展。我们要努力成为一个明礼守法的小公民，同时，用有礼、感化的方式去纠正不文明的行为，推行正义。

——七年级六班学生

今天老师和我们讲的六品之"勤"，学习了曾国藩和俞敏洪两人在不同背景下的勤学品质，又让我们反观了我们自身，发现自己的不足。比如我自己，早上总是赖床，一天天积累其实也浪费了不少时间，以后我一定要坚持早起学习！

——八年级一班学生

"勤"也是属于中华民族精神的一个，老师刚刚在视频的最后和我们讲了我们要勤学善思，但是反思一下今天上课的时候自己没有一直遵守课堂纪律，觉得很惭愧，我在班上确实很顽皮，但是也想认真学习，认真听课。思考了自己的不足之后，要身体力行，所以我要每节课都遵守课堂纪律，做一个勤奋、勤劳、勤俭的中国人！

——八年级二班学生课后感想

通过本节课的学习，我明白了做人做事要求真务实，科学严谨。"真"，就是客观世界内在的规律性。求真就是求是，就是去认识事物发展的本质，减少实践的盲目性。重要的就是从小处入手，用务实的作风、务实的方法，下苦功夫、笨功夫，不怕麻烦，从一件件具体的事做起，这样，长期积累，就会有收获。认真做好每一件事情，上课认真听讲，回家认真做作业，不马虎不糊弄。

——八年级三班学生课后感想

从来不知道，或者是从来没有想到过，看待生活中的人和事除了好坏对错善恶美丑，还有一个"雅"与"俗"的标准，我也真正明白了雅和俗的含义。感谢老师的启发和点醒，以后我要做一个高雅的人。

——八年级四班学生

明辨雅俗，抵制低俗，追求高雅。这便是这节课让我记在心里的句子。

——八年级五班学生

老人生活困苦，却还是拼命地帮助贫困的学生；明星看起来光鲜亮丽，却在违反国家法律。高雅和低俗，不是外貌，不是表面，而是内心，而是一颗心灵是否美好。还有那个 12 岁的小姑娘，和我们是同龄人，还比我小一岁，面对清洁工阿姨的被责备，她能勇敢地去劝说，并且说："劳动人民是最美丽最干净的……"我真的很受触动。我也要做一个志趣高雅的人，从现在开始。

——八年级六班学生

（三）形成了"六品"传统文化符号徽章

根据"六品"文化核心，汇聚中华优秀传统文化典型素材，挖掘现代社会生活与世界多样文明中的传统文化，促进学生对"六品"文化的准确认识，实现对学生精神的浸润。

1. 徽章的设计理念

具有创造性和明确的形象特征，图案简洁、丰满、美观大方，易认、易记、易辨，寓意深刻，切合学校的办学理念、人文精神是徽章设计必须把握的设计思想。如何用图形或文字、色彩等语言去体现这思想呢？确立一个较为全面的设计定位是首先要解决的问题。

2. 徽章的设计规律

徽章的特征是形象、鲜明、简洁，具有强烈的视觉冲击力和心灵震撼力，有丰富的想象力，彰显学校的办学理念和人文精神，创意独特。而徽章设计给我们的空间只在方寸之间，它要包含的容量却很大。因此，徽章设计要求高度概括，以小见大。用小、少去表达大而多的内涵，这是徽章设计中应遵循的规律之一。

另外，徽章是通过完整的视觉形象来表达的，全面体现学校的理念特征，除了应具备外在形式美外，还应有内在的意象美，二者缺一不可。前者以图像的形式美法则和平面设计规范为规律，后者以思想感情为内核。一个徽章设计不符合形式美法则，则无条理化和规范化的组织秩序，不能造成视觉上的美感；若缺乏意象美则像诗没有诗意一样淡而无味，不能让人产生心灵的共鸣以及体味其设计内涵。形式美是形象的，提供了视觉形式美感和具体特征；意象美是内在的，提供了普遍性的审美意义。两者是形式与内涵的有机统一。因此，由对比调和、对称均衡、反复条理、节奏韵律等组成结构框架的形式美和想象、意境、比喻、色彩等因素组成深刻含蓄的意象美是我们在徽章设计中应遵循的另一个重要规律。

学校徽章定制过程中，一直秉着精益求精的精神，力求做好美观、安全等因素，让学子们喜欢佩戴，逐步增加对学校的荣誉感。

图 5-45　"六品"金章和银章　　图 5-46　"六品"徽章

（1）礼：明礼守法　秉行正义

图 5-47　"礼"甲骨文字形及我校"礼"徽章

像许多打着绳结的玉串和有脚架的建鼓，表示击鼓献玉，敬奉神灵，本义为举行仪礼，祭神求福，后引申为庄重的态度、言行。

（2）善：爱己及人　心怀感恩

图5-48　"善"甲骨文字形及我校"善"徽章

指羊的眼睛，表示眼神安详温和，造字本义为形容词，神态安详，言语亲和，引申为仁慈的、有良心的、友好的等。

（3）真：严谨科学　求真务实

图5-49　"真"甲骨文字形及我校"真"徽章

是卜（神杖）和鼎（祭祀神器）的组合，表示用神鼎占卜。造字本义为贞卜如验的贞人，后引申为本性、原本面目真相等。

(4) 勤：勤学善思　身体力行

图5-50　"勤"甲骨文字形及我校"勤"徽章

《说文解字》曰：勤，劳也。本义为（自己或逼迫别人）积极地用手力揽一切艰辛事务，之后，词义扩大为忍耐吃苦的、不懈努力的。

(5) 品：涵泳浸润　志趣高雅

图5-51　"品"甲骨文字形及我校"品"徽章

三个"口"，表示吃好几口，非一大口吞下。造字本义为一小口一小口地啜吃，慢慢地辨别滋味，享受食物，后来引申出品味、等级（品位）、类型等词义。

(6) 毅：坚毅果敢　自强不息

由辛（尖刀，比喻箭猪身上的箭刺）、豕（野猪）和殳（搏杀）组成，表示捕杀箭猪，本义：意志坚强、果断，之后词义引申为勇敢的、坚韧的。

图 5-52 "毅"甲骨文字形及我校"毅"徽章

3. 立德树人育六品，提升素养彰特色——"六品"少年层级表彰

(1)"六品"印章完成日评价积累

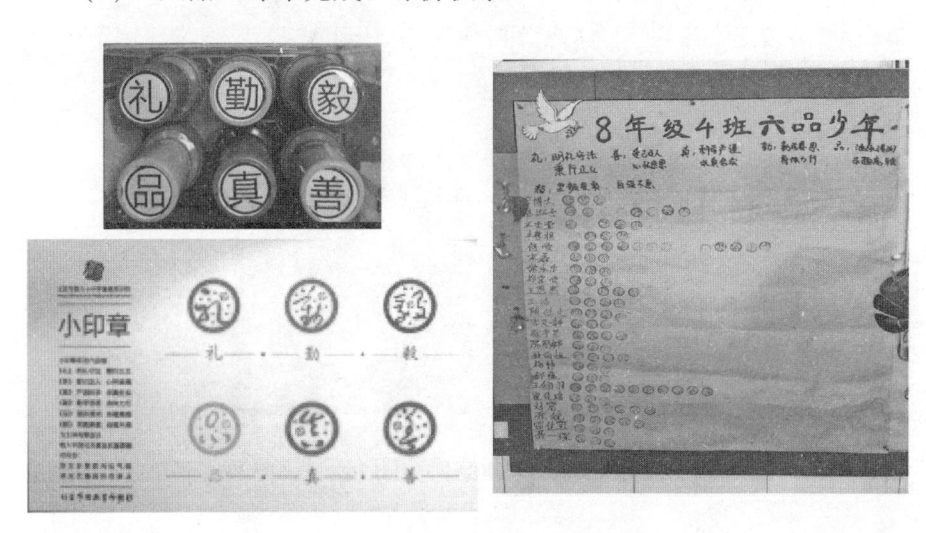

图 5-53 印章日评价积累单展示

166

(2)"六品"徽章——月评价表彰

图5-54 月评价表彰会

(3)"六品"奖章——年度"感动温榆河"、优秀毕业生表彰

图5-55 "六品"奖章"感动温榆河"颁奖

图5-56 优秀毕业生表彰会

案例十一　基于地理实践力培养下的单元整合地理教学实践

——以《等高线的判读》为例

八十温榆河分校地理组　李瑞波

一、理论基础

以《义务教育地理课程标准》中的课程理念为基本原则：义务教育地理课程的基本理念强调学习"对生活有用的地理"和"对终身发展有用的地理"。本单元内容的选取来源于学生生活中真实存在的问题，通过学习"等高线和地形图"等相关知识，运用地理知识，解决生活中的问题。紧跟"课堂转型"，从"知识传递"走向"知识建构"：在新课程改革中试试的新课程标准，替代过去几十年的教学大纲。从"双基论"到"三维目标"，再到"核心素养"，教学不再是碎片化知识的灌输，更加注重对学生能力的培养，核心素养的培养是在问题情境中借助问题解决的实践培育起来的。遵照地理核心素养，体现为为学生终身发展服务：地理核心素养是最能体现地理学科价值的关键素养，它注重学生为了适应社会生活和终身发展所必须具备的关键素养。从个体学习到协同学习："协同学习"和"协同精神"是指面向学习目标，同伙伴齐心协力。为了自身与伙伴而认真地学习，不能抱着"只要自己好就行"的态度，为了与同伙伴一道达到学习目标，要求自己能够做出积极贡献的态度与实现目标的具体行为。协同精神是通过同学习伙伴的交流，在实际体验到互教互学的优越性的过程中，一点一滴培育而成的。

以皮亚杰的建构主义为理论指导依据，课堂不是单纯地促进学生记忆的场所，而是通过学习活动进行的不断提升自己的新的造山活动，是对生活世界的认知的重建活动，是在生活世界同一道生存者的关系建构活动。

二、地理实践力培养下的单元整合地理教学实践

1. 课时安排及单元整体思路

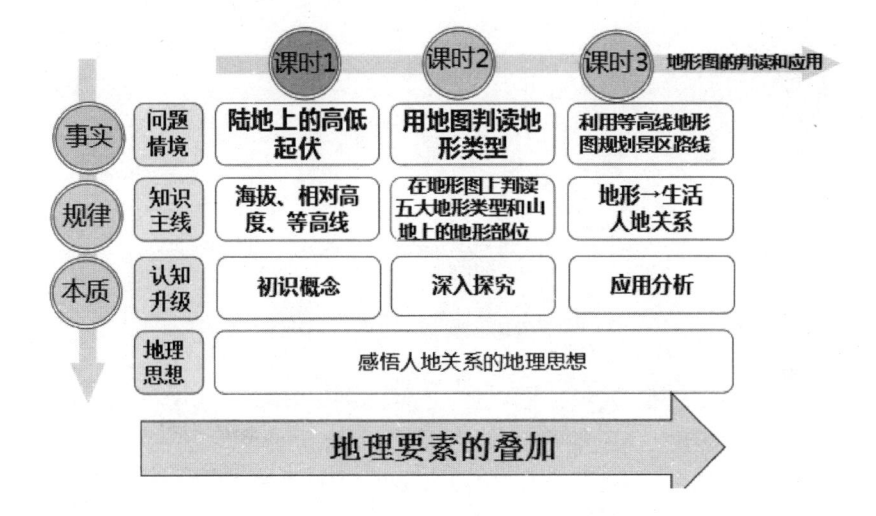

图 5-57 地理学科课时安排示例

课时1：初探地形图——等高线地形图的绘制和阅读。

课时2：再探地形图——在等高线地形图上判读"地形类型"和"山地上的地形部位"。

课时3：应用地形图——利用等高线地形图规划景区路线。

2. 单元课标整合梳理

课时1：初探地形图（事实性知识）——学会运用地形图估算某地

的海拔和相对高度，学生能够做到立体与平面之间的思维转换：立体模型上的等高线与平面图形上等高线转换。

课时2：再探地形图（技能性知识）——能够准确判别立体地形图上和等高线地形图上五种地形类型。学生能够在立体地形图上和等高线地形图上识别山地上的地形部位，并归纳不同山地部位等高线图的判读规律。

课时3：应用地形图（价值性知识）——利用等高线地形图，通过判读等高线地形图上不同的山体部位，为山区的开发、为景区规划线路。

3. 课标内容与核心素养

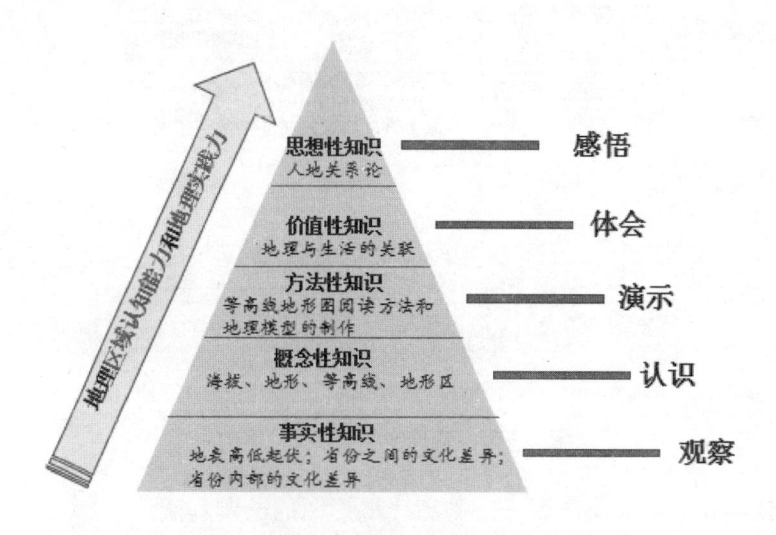

图5-58 地理学科课标内容与核心素养展示图

4. 学情分析

（1）从认知水平看：学生在生活中接触或听过"平原""高原""盆地"等地形词汇，因此对地形类型的名称并不陌生。本节课多数地理词语学生没有接触过，例如"等高线""等高距""相对高度""山体部位"等词。因此，授课前，需要学生进行认真的预习；需要学生有较强的空间想象能力，要做到立体与平面之间的思维转换，但学生空间想象能力尚且不足。

（2）从学习过程看：等高线地形图是如何由立体转换为平面的是一个难点，因此，本单元第一课时通过学生动手操作制作等高线模具，并绘制等高线地形图，有助于帮助学生攻克难点，加深学生的印象。

（3）从学习动机看：由于本单元的课设立了"动手操作制作教具"环节，能够吸引学生参与到课堂中；同时，本单元第三课时"为未开发的山区规划路线"也将是引发学生好奇的新鲜点，有助于激发学生的兴趣，提高教学效率和教学质量。

5. 教学重难点

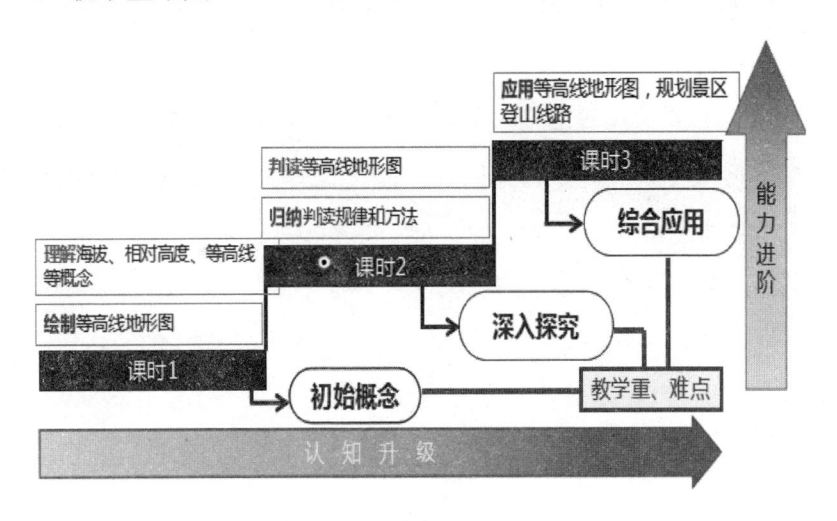

图 5-59　地理学科教学重难点展示

6. 教学目标与活动任务设计

【课时1】

目标1：理解海拔、相对高度、等高线等概念活动设计：

（1）身高比较：以教室地面为海平面，将学生和教师身高进行比较；（2）电影《攀登者》：8000多米的高山，为什么看起来并不高？

目标2：绘制等高线地形图，实现立体思维到平面思维的转换

活动设计：（1）制作等高线铁丝圈；（2）绘制等高线地形图。

图5-60 等高线地形图立体模型

【课时2】

目标1：判读等高线地形图的五大类型并归纳方法

活动设计：

（1）观看真实图：通过多媒体上五大地形类型的真实图片，对五大地形类型从直观上进行区分；（2）阅读课本图1-24的地形鸟瞰图：自主完成课本P25上的表1-3；（3）阅读等高线地形图：在图上判断地形类型并归纳方法。

目标2：判读等高线地形上的部位并归纳方法

活动设计：

（1）观看真实图：多媒体上的地形部位的真实图片，找学生分享是否在登山过程中见过；（2）阅读等高线地形图：在图上判断地形部位的名称，归纳等高线地形图上地形部位的判读规律。

【课时3】

目标：应用等高线地形图，规划景区登山线路

活动设计：

(1)利用"北京市香山景区线路图"为线路设计归纳角度；

(2)利用某地区局部地形图，以小组为单位设计登山线路。

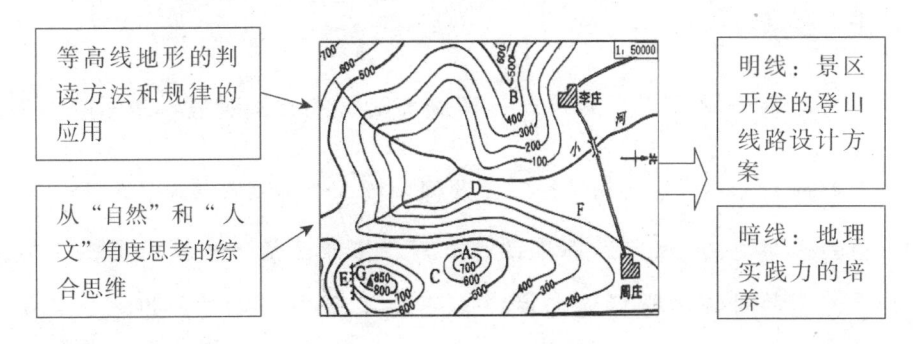

| 等高线地形的判读方法和规律的应用 | | 明线：景区开发的登山线路设计方案 |
| 从"自然"和"人文"角度思考的综合思维 | | 暗线：地理实践力的培养 |

7. 板书设计

| 人类活动 | ←影响― 因地制宜→ | 地形山体部位 | ← | 等高线地形图 |

8. 教学特色与教学反思

(1)教学特色：登山线路设计，具有一定的创造性和趣味性，能够吸引学生的参与。活动设计有助于培养学生综合运用"自然"和"人文"两大角度思考地理事物和地理问题的能力。

(2)教学反思：四个小组分别设计了"登山线路"，但是没有将四个组的智慧集中绘制在一张图上，导致最后没有呈现一个总结性设计。

案例十二　基于数学实验的任务驱动"四初"教学法实施策略

八十温榆河分校数学组　郑志宏

自2018年起笔者带领团队在我校开展基于数学实验的任务驱动

"四初"教学法的实践研究。该教学法的提出是基于学生数学学习的现状和基于教师自身的研究基础,结合了学校的"生命课堂",在一线教学中卓有成效。

一、基于学校"生命课堂"实施与实践的架构对数学教学的思考

教师个人的教学法与学校整体课程、数学学科整体需求的步调一致时就会相辅相成。在学校课程视域下的"生命课堂"实施与实践的架构下,笔者对数学学科生命课堂也进行了初步的思考,如图 5-61 所示。

图 5-61 数学生命课堂模型

"数学学科生命课堂图示"是基于三足六环钮鼎为原型创作的,本图把"数学核心素养""数学学科培养目标"学校的"生命课堂"以及学校"品格(礼、善、真、勤、品、毅)"学生培养目标有机地联系起来了。

"数学学科生命课堂图示"里数学的六个核心素养和对应的数学培

养目标作为鼎的纹样。数学学科有六大核心素养。用数学的眼光观察现实世界，发展数学抽象、直观想象素养，营造生命课堂"引力场和情感场"；用数学的思维分析世界，发展逻辑推理、数学运算素养，营造生命课堂"思维场"；用数学的语言表达世界，发展数学建模、数据分析素养，营造生命课堂"品格场"。鼎，国之重器，预示通过课程的落实、学科教学的推进培养的"六品"少年成为国家栋梁。

二、基于数学实验的任务驱动"四初"教学法在学校的实施策略

笔者追求的每一节课是基于学生"以身体之、以心验之"的每一份触动而生发的学习，更希望我的课堂能成为学生的一次"融入生活经验、增强生命体验"之旅。经过多年的教学实践，我希望能形成"创设情境初体验收获触动、合作分享再体验收获感动、归纳提升深体验收获感悟"（简称"三验三获"）的教学风格。基于数学实验的任务驱动"四初"教学法就是"三验三获"在教学中的具体落实。

基于数学实验的任务驱动教学法是指在课堂教学中，创设为学生提供体验实践的情境和感悟问题的情境，学生经历核心问题解决初猜想、数学实验探究初体验、交流分享协作初碰撞、评价总结提炼初完善等过程，围绕任务展开学习，改变学生的学习状态，使学生主动建构探究、实践、思考、运用、解决的自主学习氛围，学生的体验贯穿学习始终。简称基于数学实验的任务驱动"四初"教学法（以下简称"四初"教学法）的主要理论依据为《义务教育课程标准（2011年版）》和建构主义学习理论。

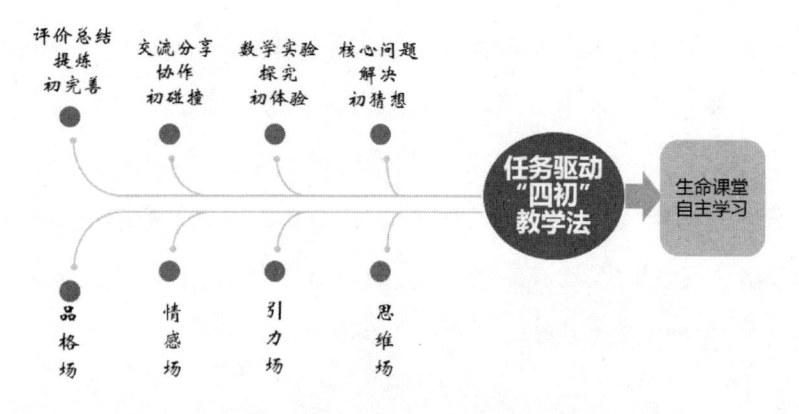

图5-62　"四初"教学法与"生命课堂"关系图

笔者带领团队研发了基于数学实验的任务驱动"四初"教学法与学校课程"生命课堂"的关系图，指导教学实践。

基于数学实验的任务驱动"四初"教学法的使用，最关键的是让学生真正能形成有效的"初猜想""初体验""初碰撞""初完善"。

（一）以开放性问题为主的核心问题创设是"初猜想"的基石

开放性问题使学生有了活动的空间，不仅有利于学生的全程参与、全员参与，还能培养学生的发散性思维，并为课堂上的主题探究做好思维铺垫。问题的特点都是开放性问题，从某种角度可以说较大程度地激发学生的潜能，促进学生整体思考有助于其数学表达。这些开放性问题通常能为学生"提出问题、发现问题"的培养搭建平台，能帮助学生初步建立创新意识。"学生自己发现和提出问题是创新的基础，独立思考、学会思考是创新的核心，归纳概括得到猜想和规律，并加以验证，是创新的重要方法"（《课程标准（2011版）》第7页）。

比如，在七年级上册数学活动课《聊聊拼图中的规律的那点事儿》中，教师提供"任务单：拼图万花筒"，要求学生按照任务单要求进行拼图设计，并用小棒摆拼验证自己的"拼图设计"是否成立，同时思考:"若你设计的'拼图'能够按照一定的规律继续摆拼下去,能想到什么问题?我们可以研究什么?请尝试给出可以探究的问题。"教师创设情境,学生在摆拼操作过程借助"形"进行思考和推理验证,加强对图形变化的感受,并为学生"提出问题、发现问题"的培养搭建了平台,能帮助学生初步建立创新意识。

(二)恰当使用手持信息技术如图形计算器是"初体验"的催化剂

图形计算器等手持技术的使用,为学生研究图形特征及变化问题提供支持,体现了信息技术与数学课程的融合,手持技术的恰当使用,从发现规律、验证观察发现的规律到对发现的定性的规律予以定量刻画,为学生探究动态问题提供了支撑,为学生发现问题、提出问题提供了强有力的保障和坚实的根基。基于图形计算器的手持技术的有效使用,使得个性化的分层教学成为可能。使用图形计算器可以使学生的智力劳动集中在解决问题的关键环节和高层次的思维活动上,从而使得学生的解题能力得以延伸。

信息技术的使用可以增加师生互动的效果和效率,课堂上,把学生不同思考的结果进行收集、展示和交流,为学生的创新发现到发散探究提供了工具,为学生发现问题和提出问题的能力提供了可操作的路径。在借助手持技术探究的过程中,借助动态的思维发现事物的本质。

比如,在八年级上册《最短路径问题——轴对称应用》一课中,学生借助图形计算器自主探究开展数学实验:学生自己画图分析对问题进行初步思考,先就"两点一线距离和最短问题"提出自己猜想(即核心问题解决初思考),再利用图形计算器几何学 App 以及其度量功能制作课件进行操作实验,探究、验证、发现"两点一线距离和最短"规律以及解题思路,然后再用演绎推理对猜想予以证明,最后应用模型解决实际问题。学生学习的过程能初步感受逻辑推理核心素养中演绎推理和合情合理推理两者相辅相成的关系，初步经历数学建模到实际问题解决的过程。

（三）教师的恰当提问、追问，是"初碰撞"的助推器

核心问题的设计有助于学生的整体思考，使学生探索、分析和表述论证过程的产生自然生成。教学过程中问题串的设计中一节课数学问题的本质，引领了学生整体性思维。教师在学生分享思路后都及时追问"你是怎么想的？为什么这么做？这样做为什么是对的？"形成步步有据的思维习惯，进一步积累了以后解决复杂问题或新问题的数学思维经验。

比如，在八年级上册的《15.1 分式》教学中，就核心问题"什么是分式？"提出了如下的问题链，促进学生分析问题的条理化、程序化的思维形成：

（1）你认为整式的除法有哪些类型？我们学过的整式除法是那些什么类型，其除法的结果有什么特点？（数学情境引入）

（2）整式除以整式的结果一定是整式吗？请举出几个整式除以整式结果不是整式的例子。

（3）这些式子和整式有什么不同？它们又有什么共同的特征？"结果"是以这个形式出现的，你怎么想到会用这个形式？

（4）这些分式大家熟悉吗？拿出昨天发的学案，猜一猜我们这张学案出第一组题想说明什么问题呢？（关注生活情境引入）

（四）生生交流、数学日记是"初完善"的直通车

基于合理设问，课堂采取有效组织方式，形成了练习操作实践、分组讨论、多层面的分享交流和向同伴讲授等多种主动学习的方式。经分

析部分录像数据，学生课堂上呈现的主动学习平均时长 37 分钟，占课堂时长 82.2%。

为了帮助合作小组能够较为充分交流分享，笔者从学校库房找四块大黑板放在教室里，加上教室里原有的黑板，这些成为学生交流的主阵地，如下图。

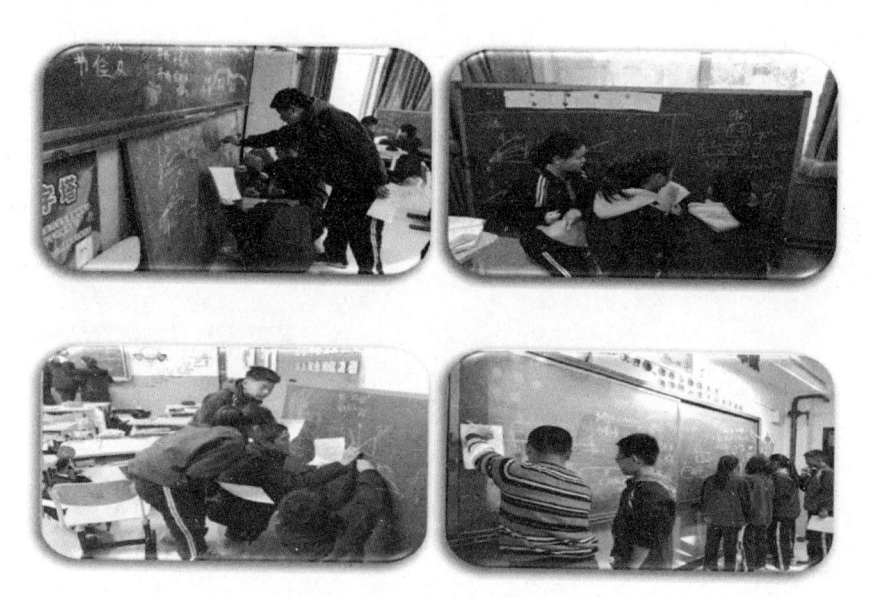

图 5-63 数学课堂场景

除了口头交流，文案交流也很重要，数学学案、数学日记可以成为学生自主学习的成果集。

学案教学倡导将学生完全置于主体地位，教师变成学习环境和学习资源的设计者和提供者，也是学生学习活动的组织者和促进者。学案学习环境帮助学生在问题情境下，通过自主学习，习得新知，解决问题，发展创新和实践能力。学案学习，主要通过对大量的信息收集、整理分析、操作实验、理论推导、合作交流讨论等活动，关注学生学习经验的形成、积累和知识体系的构建，引导学生主动参与、亲身体验、探究问题、掌握方法、反思总结,将所学知识应用于解决实际问题中,不断提高分析、解决问题的能力和自主学习的能力。数学学案中开放性问题的设置是关键。

数学日记可以是课下学生与教师进行时空对话的桥梁。在学习活动后学生通过数学日记能对学习的结果进行自我总结、自我检查、自我评价等,尤其是把自己的一些思考表达出来。学生在数学日记里可以用思维导图的方式进行总结梳理,在查找和选择关键词、核心内容的过程中,有助于数学知识的完整建构,促进数学知识的理解与掌握,增强学生自我效能感。数学日记里学生自我检查和自我评价的过程也是教师教学的一面镜子。

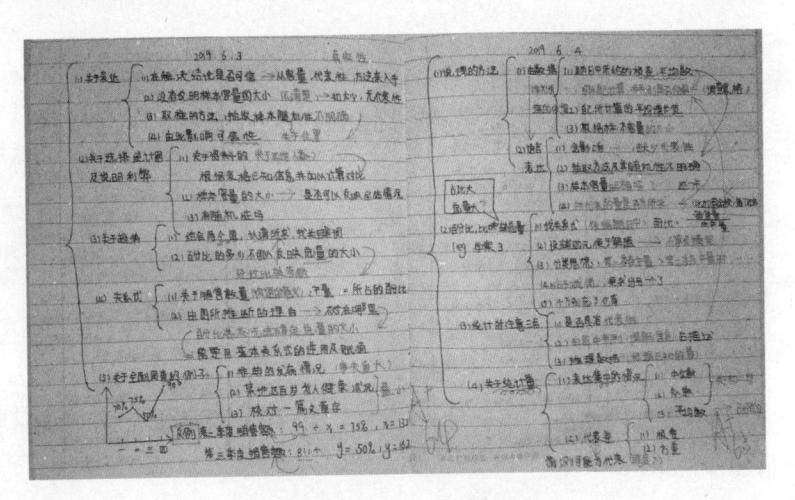

图 5-64 学生的日记

数学学案和数学日记是学生自主学习过程的物化成果,是学生自主学习效果的一种展示,是教师为学生提供自主学习策略支持的重要依据。

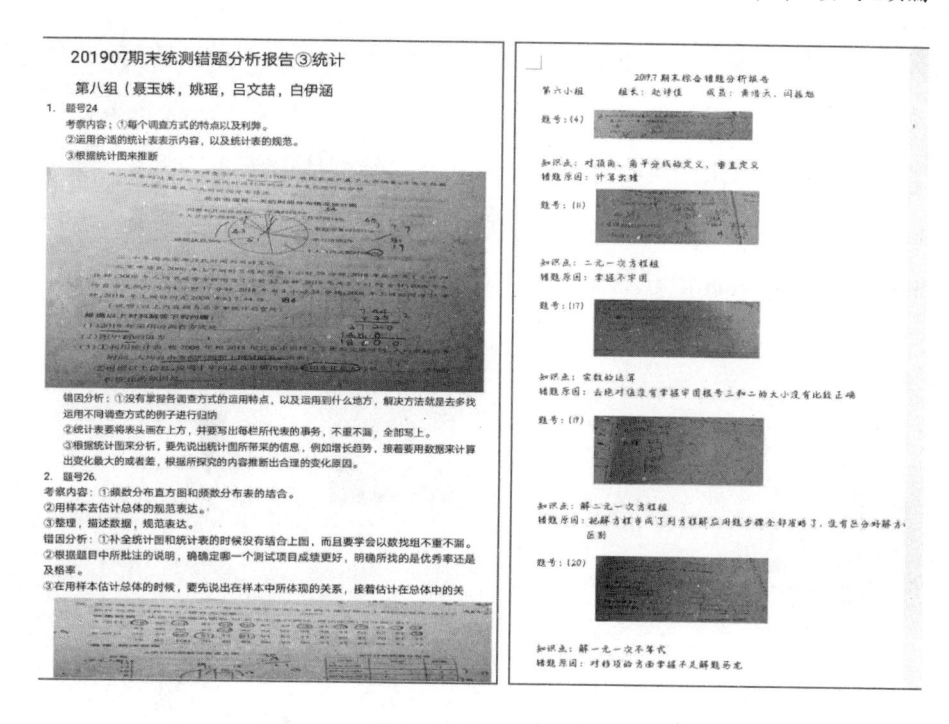

图 5-65　期末试卷学生团队错题分析报告

（五）基于出声思维法的数学创新型作业是"四初"教学法的外围支持

基于出声思维法①的创新型作业很受学生的喜爱。作业形式是采用学生录制视频讲解并观评的方式："我是小先生"——选择一道题做视频讲解（至少 8 分钟）发到钉钉群"视频库201902"文件里；"我观我评"——观看同学们的视频讲解，按要求撰写点评发到钉钉群"点评

---

① 出声思维（Think Aloud）法是最早出现的言语报告法，即让被试者利用外部言语进行思考，使自己的思维过程外显化并得以在一定程度上被直接观察。出声思维法由心理学家邓克尔1945年提出。比如：一个人在完成一道数学题的思维作业时，他通过哪些内部操作来完成是别人无法直接观察到的，而事后询问所得的答案又常常是不完整、不准确的。克服这种困难的一个有效方法是让他利用外部言语进行思考，即出声思维，使他的思维过程外显化，这样就可以直接观察人的思维过程。

181

分享201902"文件夹里。评价：学生进行"优秀视频讲解"推荐、"优秀点评"推荐，并写明推荐理由。其中一些优秀视频在征得当事人同意的前提下，以微信公众号推送的方式在年级群体中传播、学习，展示温榆河七年级学子的风采。温榆学子小讲堂链接：https://mp.weixin.qq.com/s/Uv1Ca4nFNDZu5AxeClbQ2A

图5-66 "温榆学子小讲堂"微信公众号示例

增加自我效能感。让学生通过口述的方式，将对所解题目的理解和认识、解题思路、采用的思想方法以及解答策略等呈现给教师和其他学生。实质是使学生在视频讲解中，阐述和交流自己的意见，暴露思维，并经历合作探讨、思想碰撞的过程，从而实现对数学知识意义的自我建构和再创造，录制视频的形式符合当下学生的个性特征，增加学生的自我效能感。

促进师生、生生有效互动。学生之间对视频讲解进行及时反馈和点评，可以进一步促进点评者对题目的理解，是学生对相关信息再加工的过程，为学生与学生之间的有效互动搭建平台。

促进学生素养提升。在教师的有效引导下，逐步积累，学生"视频讲解并观评"将在"语言应用方面、基础知识方面、数学表示方面、问题解决方面、情感态度方面"得到全方位的发展，为"四初"教学法提供支持。

（六）制作生命课堂评价要素量表促进基于数学实验的任务驱动"四初"教学法的自我评估，制作思维场进阶表成为学生发展的驱动器

表5-19　生命课堂的评价要素（简表—核心词）

课堂要素	学生表现	教师行为要素
情感场	※沟通无障碍 ※愉悦的心情	树立师生平等、生生平等的教育观念。用尊重、信任，为学生营造公平、民主、宽松、温馨的课堂氛围。（1）微笑（2）和善（3）欣赏
思维场	※善思 ※敢疑 ※敢做、敢尝试	1. 给学生充分时间去思考 2. 不打断学生发言与思考 3. 倾听中体现尊重（侧重内容） 4. 充分利用生成资源 5. 提供尝试探究的主题 6. 培养归纳整合的意识能力
引力场	※敢说 ※敢问 ※同伴互助乐交流	教学方式多样，倡导体验性、引导性、操作性的学习；（1）真诚（2）倾听（侧重倾听的态度）（3）正义（4）有效指导小组合作（5）提供学生交流的平台
品格场	※自信 ※希望 ※享受	（1）激励、唤醒、鼓舞 （2）公平、公正、公开

表 5-20　思维场能力进阶自评表

思维场进阶表		
进阶步骤	要点	自评
第一步 了解题目的含义	（1）明白题目中的未知量、数据、已知条件。由题目的已知能否求出未知？是否多余或者矛盾？ （2）用合适的数学符号将已知条件用图形表示。 （3）将已知条件中每个部分用合适的方法分开。	
第二步 找到已知与未知间的潜在关系	（1）能否用熟悉或类似的问题代替原问题？ （2）能否换种叙述方式重新描述题设？ （3）回归定义。 （4）除了本题的结论能否发现其他的结论？ （5）是否用到了所有给出的条件？	
第三步 试着执行	（1）写出详细的解题方法。 （2）能否清晰阐述执行每一步的原因？	
第四步 重新检查	（1）是否已经得出答案？ （2）能否用其他的方法得出本题答案？ （3）以后解决其他问题会想到这个题目或者这个方法吗？	

表 5-21　对数学阅读、交流、分析能力的自评

维度	内容	自评（流畅性、复杂性、创造性）
阅读	分享对材料的观点	
	提出对材料的看法，阅读教材发现的问题（含教材编写问题）	
	选择多种来源的信息，考虑不同视角，来表达自己对材料的看法	
	说明自己为什么对材料持有这种观点	
	反思别人对材料的看法	

续表

维度	内容	自评（流畅性、复杂性、创造性）
交流	对他人观点做出反应，并提出自己的观点	
	对他人观点提出异议	
分析	提出归纳式问题（特殊问题一般化）	
	数学模型建立的问题	

案例十三 《钟表设计与制作》项目式学习的设计与实施

八十中学温榆河分校　冯焱楠

一、项目设计的理论依据

2018年全国教育大会提出要把劳动教育纳入培养社会主义建设者和接班人的总体要求，提出"德智体美劳"的总体要求，《中共中央国务院关于深化教育教学改革全面提升义务教育质量的意见》和《中共中央　国务院关于全面加强新时代大中小学劳动教育的意见》等文件要求要加强劳动教育，充分发挥劳动综合育人功能，加强学生生活实践、劳动技术教育。

根据初中劳技与高中通用技术的承接关系，依据《普通高中通用技术课程标准》，初中劳技课程要注重培养学生技术意识、工程思维、创新设计、图样表达、物化能力等学科核心素养，为学生未来技术素养发展做好准备。钟表的设计与制作项目为教材第二单元设计与制作中，提高生活娱乐用品质量中的一个项目。第二单元处于第一单元"技术准备"阶段之后，第三单元"补充深化"单元之前，起到承上启下的关系。

依据杜威"在做中学"的教育思想与劳动教育特点，本项目设计强调学生的全员参与和全程参与，把"做中学"贯穿到教学领域的各个主要方面。

二、项目设计思路

本项目为钟表的设计与制作，意在引导学生经历设计的程序与方法，了解常用的几种构思表达方法，解决在制作过程中的常见问题及应对方法。因此，让学生扮演钟表外观设计师的身份进行职业体验，对钟表进行设计构思与制作。最终，以设计效果图及制作过程为过程性成果，以钟表作品、创意报为结果性成果，以钟表招标投标会的形式对作品及创意报进行评价，激发学生的荣誉感及创造的快乐。项目设计思路如图 5-67 所示。

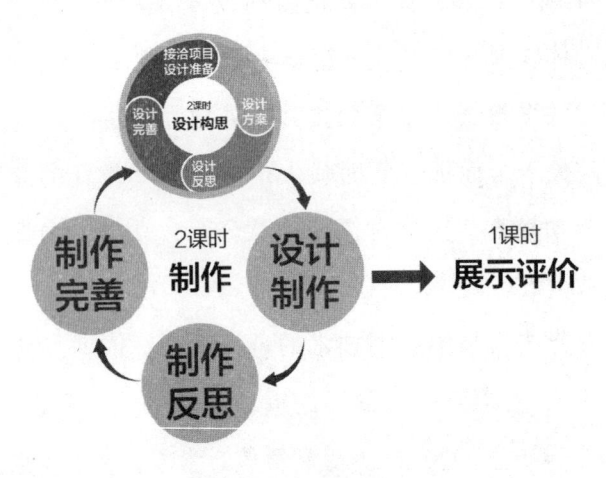

图 5-67　项目设计思路

三、项目教学目标及核心素养整合

项目教学目标：引导学生经历设计程序与方法，了解常用的几种构思表达方法，利用掌握的木工制作技术，完成木制钟表的外观设计与制作。将项目核心目标与《普通高中通用技术课程标准》中的核心素养相结合，如图 5-68 所示。因此，将学科关键概念转化为问题，其中基本问题是基于木工技术设计、制作钟表，那么，驱动性问题为体验钟表外观设计师的职业，对钟表的外观进行设计。以此促进学生对学习的兴趣，也是教师在教学需求层面的考虑，赋予了"项目"更深刻的意义。

图 5-68 项目核心目标及核心素养整合

四、成果设计与评价

为了确定学生能够达到既定学习结果的程度，在设定项目任务时更为具体，将表现型任务细化为个人和团队的表现型任务，针对每个任务采用操作性强的评价内容得到学生学习结果的程度。

1. 个人表现型任务及评价内容

（1）个人表现型任务一：根据主题绘制、完善钟表外观效果图。

评价内容：主要从尺寸、制作工艺、排料方面进行点评指导，如图 5-69 所示。

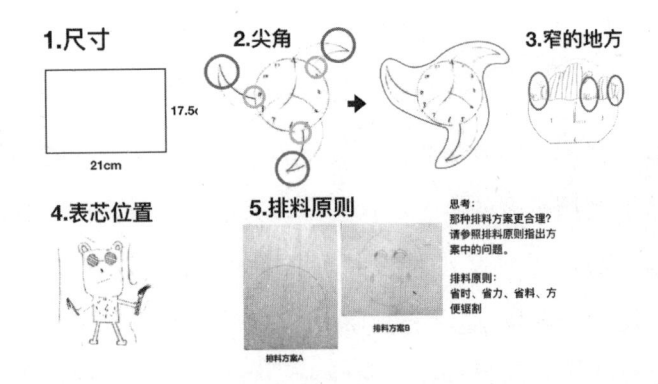

图 5-69　主要评价内容

（2）个人表现型任务二：制作钟表，安装表芯，分析典型案例，完善作品细节。

评价内容：对部分作品进行案例分析，对优秀作品进行展示分享，如图 5-70 所示。

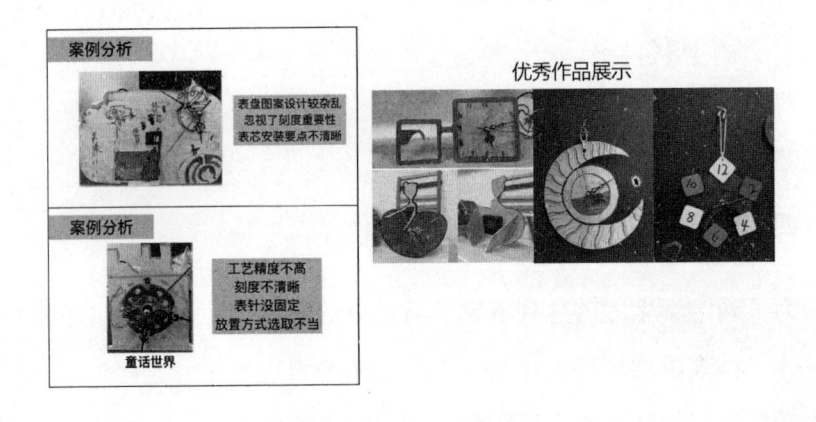

图 5-70　案例分析样例

2. 团队表现型任务及评价内容

团队表现型任务：在做任务 1—2 时，组内成员共用工具及打扫教室；在成果展示评价环节绘制本组钟表创意报、撰写标书，参与招标投标会，如图 5-71 所示。

图 5-71　钟表招标投标会

评价内容：组内成员在同时使用工具的时候不发生争抢现象，下课前将本组的卫生打扫干净；在招标投标会前推选出本组最好的作品，绘制本组钟表的设计理念、设计过程的创意报，撰写本组的标书并完成展示，对他组作品及创意报进行点评和打分。最终成果展示方式为钟表招标投标会及钟表作品展示。

五、项目实施过程

根据钟表设计与制作项目的设计思路，课堂时间部分分为设计构思、制作过程、成果展示三个环节。第一个环节的方案效果图表现出学生在设计钟表外观的成果，第二个环节的钟表作品表现出学生在制作钟表的成果，第三个环节以招标投标会的形式回顾已有学习经验、鉴赏优秀作品、总结本项目的学习经验。

1. 设计构思

以钟表外观设计师职业体验的方式进行项目引入，挖掘客户需求，设计钟表外观方案，反思设计方案，修改完成最终稿，如图5-72所示。

图5-72 部分钟表外观设计方案

（1）课时：2课时。

（2）表现性任务：体验钟表外观设计师对钟表的外观进行设计构思；与客户接洽项目、进行设计准备，绘制设计方案效果图，反馈修改方案。

（1）过程性评价方式为绘制设计方案效果图。

（2）需要准备的资源有PPT、视频、A4纸、绘制效果图工具等。

2. 制作过程：根据修改后的钟表外观设计方案，运用锯割、打磨等制作方式进行钟表的制作，如图5-73所示。

图 5-73 制作钟表过程

（1）课时：2课时。

（2）表现性任务：将效果图拓印在木板上，沿着拓印的线锯割木板、在木板上打孔、安装机芯、绘图装饰，边做边反思，完善钟表作品，如图 5-74 所示。

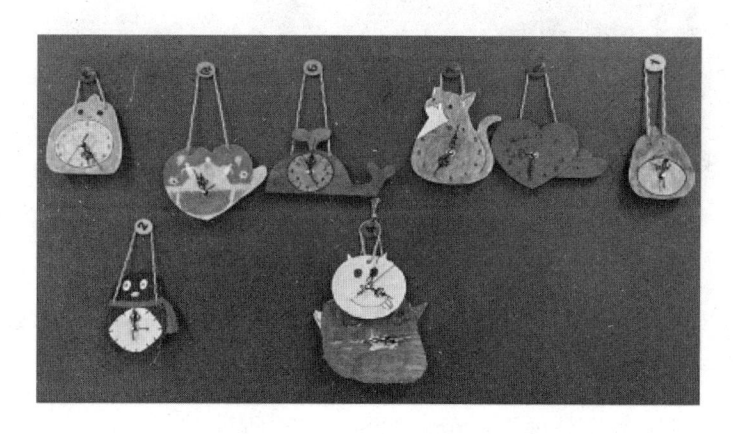

图 5-74 学生钟表作品

（3）过程性评价方式为钟表表盘锯割工艺的精良程度、机芯安装的完好、钟表使用方式。

（4）需要准备的资源有 PPT、视频、制作工具、木板、表芯、绘画工具。

3. 成果展示评价：小组绘制带有钟表设计理念、设计过程的创意报，推选出本组的优秀作品，以招标投标会的形式进行展示和竞标。

（1）课时：1课时。

（2）表现性任务：参与钟表招标投标会。组内推选作品及带有本组钟表设计理念、设计过程的创意报进行竞标，小组间进行钟表作品及创意报评价打分，推选出最符合客户需求的钟表及优秀的创意报，对优秀钟表作品进行展出。

图 5-75　竞标环节

（3）过程性评价方式为小组的钟表创意报评选；小组间通过表盘锯割、表芯安装、实用性、完整性、创新性、美观性指标对钟表进行评价打分；对优秀作品进行展示，如图 5-76 所示。

图 5-76 优秀钟表作品展示

（4）需要准备的资源有 PPT、投标书、课前准备好带有本组钟表设计理念及过程的创意报、钟表评价量表、创意报评价量表中标通知书。

六、项目实践安排

钟表设计与制作，总体为 5 课时。如果每节课为 40 分钟，那么该项目的时间安排如表 5-22 所示。其他的单课时时间可以根据比例进行相应的调整。

表 5-22 项目实践安排

时间	步骤	内容
10min	接洽项目	以职业体验为驱动性问题与客户沟通，挖掘客户需求
15min	设计准备	充分理解客户要求，进行头脑风暴，明确制作材料及设计要求
55min	方案设计、反思	效果图绘制并反馈意见进行修改
40min	设计制作	回顾锯割、打磨注意要点；对表盘打孔、表芯安装过程
40min	反思、完善方案	通过案例分析、优秀作品展示，强调制作的细节问题，给学生启发和借鉴，绘制本组钟表创意报

续表

时间	步骤	内容	
40min	展示评价	2min	情景引入：解读客户来信
		6min	小组讨论：撰写标书，小组分工：发言人、评标委员
		223min	钟表招标投标会——展示、评价
		2min	公布中标团队
		7min	本项目的总结

七、教学反思

本项目的亮点是采用钟表外观设计师的职业体验方式，比较拟真的项目式学习的方式，让学生在"做中学"，情景教学更有利于学生沉浸其中，真情景、真体验才会有真感受。学生参与度较高，以小组讨论的形式，体现合作精神。不足之处在于教学环节细节把控不够熟练。

案例十四 核心素养导向的初中数学单元教学设计与实施

——以《销售中的盈亏问题》为例

八十中学温榆河分校   王佳新

一、初中数学单元教学设计的依据

《义务教育数学课程标准（2011年版）》统筹阐述了初中三年的课程内容，充分考虑了学生的认知规律和心理特征以及数学本身的学科特点,将课程内容整合为4个领域:数与代数、图形与几何、统计与概率、综合与实践。《数学课程标准》的内容安排具有鲜明的整体性,单元教学设计是从单元知识的整体出发,根据教学内容、《数学课程标准》、知识难易程度、学生学情等要素进行知识重组、再构的教学过程。《数学课程标准》指出"数学是研究数量关系和空间形式的科学",数学知识、数学方法和数学思想本身具有高度系统化的特点,学生对数学知识的理解、数学方法的掌握、认知结构的建立需要一个整体规划、统筹兼顾的学习场。这也同时强调了数学教学的整体观和系统性,单元教学设计正是体现这种整体观和系统性的重要载体。

数学与人类发展和社会进步息息相关,《数学课程标准》的基本理念指出课程内容要反映社会的需要、课程内容的选择要贴近学生的实际,有利于学生体验与理解、思考与探索。本节中的单元主题是《实际问题与一元一次方程》,紧紧围绕学生身边真实存在的实际问题展开探究,实际问题背景丰富多变,学生应该学会从变化中寻找不变,在分析和解决问题的过程中去发现和掌握规律,积累建立方程思想解决问题的活动经验。学会用数学的眼光观察世界,用数学思维方式分析世界,用数学语言表达世界。这是学生数学核心素养的重要组成部分,对"实际问题与一元一次方程"的教学实践与思考,正是为了数学核心素养在课堂中落地生根。数学单元教学设计要以培养学生数学核心素养为最终目标,不只是传授单一的知识,更重在能力的提升,在实际课堂中,重视学生已有的经验,使学生体验从实际背景中抽象出数学问题、构建数学模型、寻求结果、解决问题的过程。

二、单元总设计思路阐述

1. 单元主题的确定及单元课标描述

（1）单元主题：实际问题与一元一次方程。

（2）单元课标描述：《数学课程标准》要求能根据具体问题中的数量关系列出方程，体会方程是刻画现实世界数量关系的有效模型，能根据具体问题的实际意义，检验方程的解是否合理。

2. 学生情况分析

（1）从心理特点看：七年级学生活泼灵动，对周围世界具有强烈好奇心，想法丰富较多变，思维活跃易发散，问题情境的出现能够激发他们的探究欲望。

（2）从原有认知看：学生在小学阶段初步认识了方程，初步体验列方程解决较为简单的应用题的过程，在前几节课上又学习了一元一次方程，初步具备从简单问题情境中寻找数量关系建立一元一次方程解决问题的意识，本单元的学习需要学生利用自己原有认知水平再建构方程模型去解决较为复杂的问题。

※从终身发展看：学生不只停留在接受知识上，体验发现问题、解决问题的过程，不断积累活动经验和提高解决现实问题的能力。不管问题情境如何变化，学生都能具有解决问题的勇气和方法。

3. 单元总体思路及课时安排

本单元 5 课时的安排，希望通过整合思想及学生的能力进阶要求，以及极大发挥学生的主观能动性及潜能，精心设计 3 课时，如图 5-77。

第一课时，以"销售中的盈亏问题"为问题情境，精心教学设计，引导学生剖析数量关系，建立方程解决问题，形成大概念"模型思

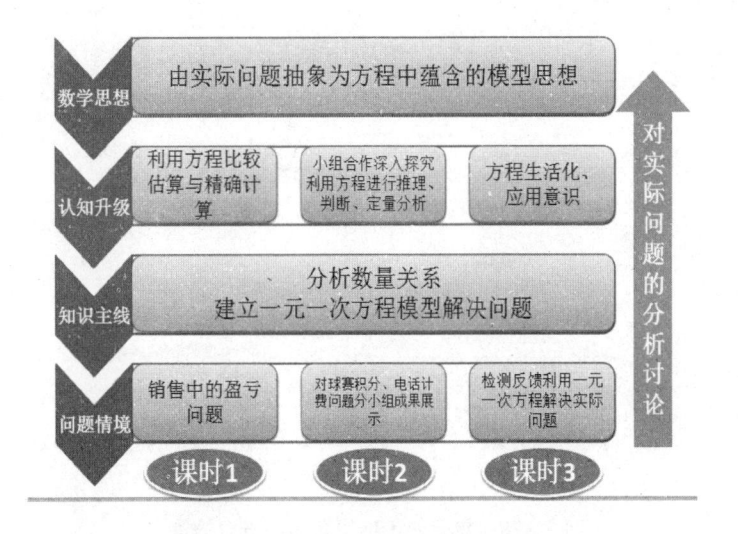

图5-77 单元设计思路及课时安排

想",增强应用意识。课后分小组认领其余四个问题情境,利于业余时间展开合作研究、讨论不同问题情境下的数量关系,利用模型思想解决问题。并以小组形式展示小组研究过程及结论,在教室周边张贴,利于班级同学自主学习及相互研讨。

第二课时,组织分享各组新问题情境数量关系建立的思路及困惑问题的解决,教师再次引导如何应用建模思想这个核心概念去解决很多新情境新问题。

第三课时,老师对本单元专题进行学习成果的评估、检测,精选典型实际问题,由学生独立完成,得到反馈情况,再由"师带徒"互帮互助共成长。

4. 本单元知识结构与核心概念的提出

人教版教材安排5个课时的内容,选取了配套问题、工程问题、销售中的盈亏问题、球赛积分表问题、电话计费等实际生活相关问题,通过引导学生对实际问题的分析讨论,寻找数量关系,建立正确方程模型解决实际问题,从而提出模型思想应用意识这个核心概念。

```
                     核心素养:数学建模
                            数学运算

         数学思想
         数学建模    核心概念:模型思想
         方程思想              应用意识
         核心问题
      寻找等量关系建立方程模型
         解决实际问题
                      课标整合:
         事实性知识    1.能根据具体问题中的数量关系
  配套问题、工程问题、行程问题、销售问题;  列出方程;
  售价、进价、标价、利润、利润率、球赛积分、  2.体会方程是刻画现实世界数量
         电话计费           关系的有效模型;
                      3.能根据具体问题的实际意义,
                      检验方程的解是否合理
```

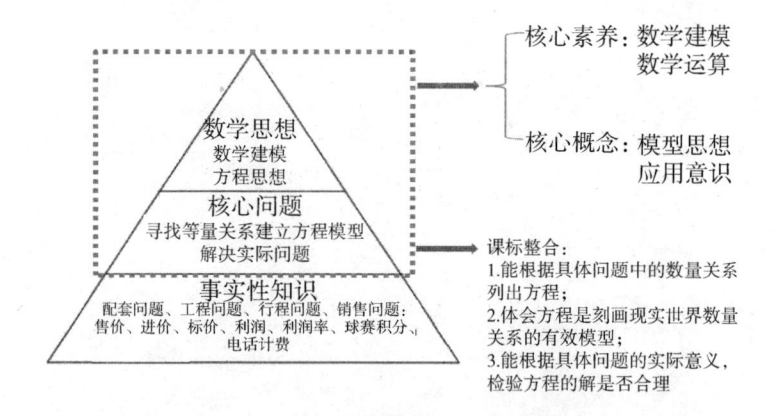

图 5-78　单元知识结构和核心概念的提出

三、本单元整合教学设计中第一课时《销售中的盈亏问题》具体的设计与实施

表 5-23　《销售中的盈亏问题》具体课时设计与实施

本单元 教学目标	1. 明确销售问题中的售价、进价、标价、利润等概念; 2. 能够准确表示进价、标价、售价之间的关系,经历从实际问题中抽象出数学问题的过程,建立销售问题模型; 3. 初步感悟方程思想的应用,理解利润率的含义; 4. 体验建立方程模型解决销售问题的一般过程,增强数学应用意识。
教学重点 教学难点	重点:建立方程模型解决销售问题。 难点:由实际问题抽象出数学模型的探究过程。
教学方法	小组合作、自主探究、启发式
学习目标、形成性评估与教学策略	
学习目标	教与学策略(达成目标所需要的必要的学生行动)

续表

目标	难度水平	情境设置	驱动性任务与活动设计（清晰描述）	设计意图
1. 明确销售问题中的售价、进价、标价、利润等概念	信息提取	学生站在销售者角度，自己设计促销方案，了解销售问题中相关概念	【任务1】根据情境，请各小组展示本组设计的促销方案： (1) 情境：2019年"双十一"刚刚过去，根据天猫公布的数据，今年"双十一"开场仅14秒成交额破10亿，1分36秒破100亿，一小时3分59秒破1000亿，这些数据反映了互联网经济的不断发展，假如你在淘宝也有一个小店铺，"双十一"前，你进购了5个M牌书包，每个书包进价为100元，并打算"双十一"期间将5个书包全部售出。 (2) 问题：请分小组派发言人展示本组的促销方案，记录人负责记录本组方案中的售价、进价、利润。	引入生活中的实际背景，吸引学生兴趣，由学生自己生成促销方案，在此过程中更加明确销售问题中的相关概念
2. 能够准确表示进价、标价、售价、利润之间的关系；经历从实际问题中抽象出数学问题的过程，建立销售问题模型	理解	聆听方案，观察数据，抽象出销售问题中的相关模型	【任务2】听完各组促销方案的展示，观察记录的数据表，请概括出售价、进价、利润之间的关系。 [问题1] 我们发现六个组方案虽各有不同，但在进价的基础上售价都是经过怎样的过程得到的？ [问题2] 我们以一个组为例，借助表格进行梳理，将此方案的售价、进价、利润整理在表格中。 标价 打折…… ↙ ↘ 提价 |	售价-进价=利润	
---	---	---
M牌书包				帮助学生概括出销售问题中的数量关系，建立销售问题模型 借助表格梳理数据，明确数量关系

199

续表

目标	难度水平	情境设置	驱动性任务与活动设计（清晰描述）	设计意图
3. 初步感悟方程思想的应用，理解利润率的含义	分析	对比利润相同，进价不同的两款书包，思考哪款书包获利更大？引出利润率的概念	【任务3】请思考，现另有 N 牌书包5个，先在进价的基础上提高60%标价，然后打七五折出售，5个书包也获得了？元（和问题2中一样多）的总利润，请问此品牌的进价是多少？ [追问1] 在解决问题之前能否先将售价、进价、利润梳理在下面表格中？ | | | | | | M 牌书包 | | | | | N 牌书包 | | | | [问题3] 请思考，你作为店老板觉得购进哪种牌子的书包可以让你获利更大？为什么？	初步感悟方程思想的应用 问题3帮助理解利润率的含义
4. 体验建立方程模型解决销售问题的一般过程，增强数学应用意识	知识应用	先估计再准确计算，应用方程进行综合分析，解决问题	【任务4】请解决，一商店在某一时间以每件60元的价格卖出两件衣服，其中一件盈利25%，另一件亏损25%，卖这两件衣服总的是盈利还是亏损，或是不盈不亏？ [追问2] 你能先大体估计是盈还是亏？ [追问3] 如何准确计算检验你的判断？	学生经历一个从定性考虑到定量考虑的过程，初步感悟用方程模型解决生活中的问题，初步提高数学应用意识
课时小结（师生——总结梳理）		学习反馈评价及作业布置	
标价 打折↙ ↘提价 售价-进价=利润 利润率 = $\dfrac{利润}{成本} \times 100\%$		【反馈评价】某商场销售 M 品牌某款服装，春节前，这款服装按进价的2倍进行销售，甲买了一件；春节期间，为了促销，商场将这款服装的售价提高了50元再标价，打出了"大酬宾，八折优惠"的广告，结果服装每套的利润是进价的 $\dfrac{2}{3}$，乙在此期间买了一件。 请问：甲、乙二人谁花的钱更少？少花了多少钱？ 【布置作业】朝阳目标 P75 3.4 实际问题与一元一次方程（2）	

续表

目标	难度水平	情境设置	驱动性任务与活动设计（清晰描述）	设计意图
主要教学设计特色			教学反思	
本节课开始以"双十一"为背景，创设情境，为帮学生了解销售问题中各个量间的数量关系，由学生自己生成促销方案并计算所得利润，此过程激发学生能动性，关注学生最近发展区；充分发挥学生的主体地位；先由学生具体经历利润的计算过程，再在此基础上逐步启发学生抽象出销售问题中隐藏的方程模型，进一步接近方程生活化。			本节课主要探究销售中的盈亏问题。销售问题是一种常见的实际问题，与学生生活实际联系紧密，而且销售问题中数量较多，数量关系相对复杂，部分同学难以接受，因此创设情境，布置任务，由学生自己推出促销方案，这极大地激发学生的兴趣，使得销售问题不再枯燥无味。 本节课在讲解过程中，发现以下问题： 一、任务2中在问题设置上不够衔接，有待反思，需再去对照此环节需达成的目标思考如何设置合理的问题串引导学生。 二、任务3中虽然通过问题3引出了利润率的概念，但部分学生依然不能快速理解利润率到底在刻画什么，而且在介绍利润率、利润、进价三者关系后，推导其等价变形式时，应该由学生亲自推导，学生才会内化成自己的知识，而不是由老师简单推出。 三、上完本节课还可以让学生们分小组真正去到商场与店老板分享本组的促销方案，希望有所收获。	

四、总结与反思

回顾经历从确定所要学的单元到整体设计本单元再到本单元一课时的具体设计与实施这样一个过程；我将本次自己如何进行单元教学设计通过流程图呈现，如图5-79所示。

其中最关键也是最具挑战的部分就是单元整合，本单元主题是实际问题与一元一次方程，人教版教材安排5个课时的内容，而这5课时的核心任务都是使学生建立一元一次方程模型（模型思想）并应用它解决实际问题（应用意识），因此将本单元所涉及的5个实际问题进行整合重构为一个单元，共需3课时。

课时一以"销售中的盈亏问题"为背景，根据不同水平的目标设置、清晰的驱动性任务和问题追问，渗透模型思想和应用意识，促使学

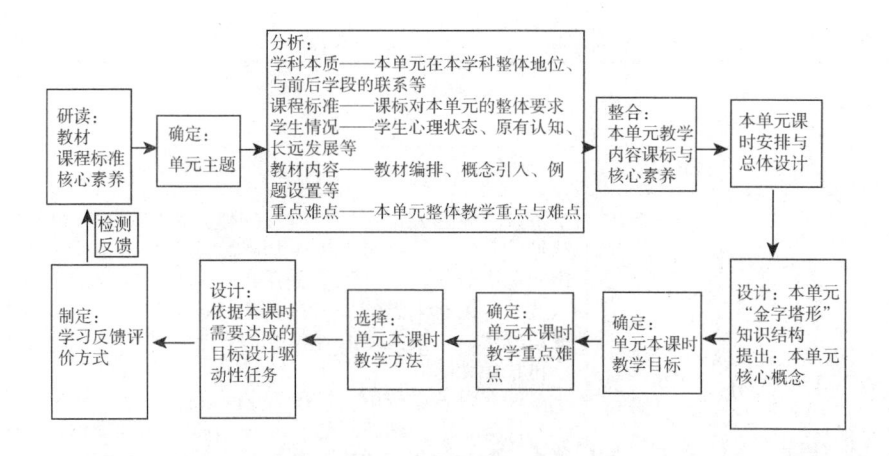

图5-79 单元教学设计流程图

生初步领悟并在整体上认识问题的本质。课后学生分小组认领其余问题，合作研讨解决，将探究过程、成果、困惑绘制成海报。

课时二展示分享再次领悟建立方程模型并应用，解决新的实际问题。

课时三精选典型问题，由学生独自完成后，对本单元专题检测评价，得到反馈情况后再由"师带徒"互帮互助共成长。

与常规教学相比，这样整合后节省了课时，每个课时都在争取最大程度上发挥学生的主观能动性，将更多的时间给了学生，不仅仅着眼于个别题目的具体解题过程，更重视相关数学思想方法的渗透，循序渐进，激发学生自主解决新情境问题的潜能。

总而言之，对某一单元的整合要最大程度使学生真正获得知识与能力，有限的课时落实更有效的课堂，通过研读课标、核心素养、教材梳理出本单元核心大概念，并依据学情，对应教学目标设计清晰的驱动性任务，渗透本单元的核心概念，这对教师的挑战很大，是一个很值得研究思考的教学课题，更是一个连续富有生机的命题，不能只是某一课时实施，这体现了实践、反思、修改、提高、再反思、再修改、再提高的教师成长模式。

下篇 03
总结提升篇

06 "课程领导"使一所农村学校破茧成蝶

2012年学校成为八十集团成员校以来,依托"一人一天地、一木一自然,让生命因教育而精彩"的办学思想,以"文化铸魂、课程立校"为办学思路,依托区级课题"城乡发展共同体背景下农村学校'课程领导'研究与实践",全面推进学校课程改革。七年时间,学校发生了翻天覆地的变化,取得了可喜的成绩。

成果一 城乡教育发展共同体背景下农村初中学校的课程建构与实施[*]

八十温榆河分校 于冬云 焦玉文

一、问题的提出

1. 当前教育改革对学校建构与实施的必然要求

近年来,在我国的基础教育领域,正在进行着新一轮的课程改革。这次课程改革,是一次全方位、多层次、多领域的课程改革。教育主管

---

[*] 朝阳区第十五届教育教学成果奖评审获得"提名奖"。

部门近年来连续下发了有关基础教育的若干文件：教育部印发了《教育部关于全面深化课程改革落实立德树人根本任务的意见》（2014.3.30）、《关于培育和践行社会主义核心价值观的意见》（2013.12.23）、《完善中华优秀传统文化教育指导纲要》（2014.3.26）、《国务院关于深化考试招生制度改革的实施意见》；北京市教委2015年7月1日下发的《北京市教育委员会关于印发〈北京市实施教育部《义务教育课程设置实验方案》的课程计划（修订）〉的通知》、2014年11月下发的《北京市教育委员会关于印发北京市基础教育部分学科改进意见的通知》，市教委、市教育督导室印发的《关于切实减轻中小学生过重课业负担的通知》；区教委下发的《关于加强普通中学学科建设的指导意见》等，这些重要文件阐述有关立德树人、课程计划、设置、实施的重大改革，要求学校的课程的能够培养具有爱国精神、实践能力、创新能力的可持续发展的一代新人，学校的课程的系统建构要有利于学生全面发展、有利于学生个性成长、有利于学生特长发挥、有利于学生持续发展，学校要坚持以学生发展为本，使每一个学生的个性得到健康充分的发展，以更好地适应未来社会对人才的需求。由此可以看出，学校是课程实施的主阵地的作用越来越明确，再先进的课程理念、再美好的课程愿景，如果不能在学校层面，甚至是具体学科的课堂层面上得到落实，一切都只是纸上谈兵。在新课程背景下，如何促进"学校多样化发展"，如何提升"教师的教学水平"，如何更好地促进"学生全面特色发展"，是我们教育当前面临的困境。"课改"不是"改课"，我们要越过课改的边界，由改结构转变到改意义，从关注学生发展转变到关注生命的质量和高度，关注核心素养，更是在重建育人和课程文化。

"课程是国家意志的体现，课程是教育工作的核心，课程是学校教育活动的依据，课程是学校成长的保证。"因此，学校课程的构建与实施应用课程变化而生，是当今教育不可回避的问题和需要面临的挑战。

2. 学校发展阶段的迫切选择

教育发展的当前形势对学校的发展提出了前所未有的挑战和要求，更需要学校这一实施主体因地制宜地站在学生发展的角度，为学生提供基础、优质、丰富、可持续发展的课程资源。

八十中学是高中课改示范校和国家教改"探索拔尖创新人才培养模式"项目的实验学校，多年来在这些方面积累了许多有益的实践经验，具有较好的课程改革基础，形成了具有特色又内涵丰富的课程体系。2012年7月，依托北京市朝阳区"城乡学校发展共同体"项目，北京市温榆河双语实验学校（由六所农村中小学整合而成的九年一贯制学校）成为八十中学教育集团成员校，初中部正式更名为北京市第八十中学实验学校温榆河分校。作为一所刚刚成立的地处城乡接合部地区的优质中学的分校，我校如何在这样的机遇下，结合学校实际，通过课程建设与实施，促进学校快速平稳发展，以实现以上目标，这是我校在2012年所面临的主要问题。

3. 学校课程假设与发展的必然出路

课程是学校教育的重要内容，是一所学校办学目标与育人目标的重要载体，从我国的新课程改革可以看出，国家课程校本化实施已经到了迫在眉睫的时刻，学校如何因地制宜地结合地区、学校、学生的特点，创造性地为当地百姓提供整体、优质的教育是我们面临的重要挑战，也是我们要走的必然之路。学校领导在充分地论证和梳理学校发展历史和未来的情况下，确立学校"文化铸魂，课程立校"的办学策略，在融合国家课程要求的基础上，构建宜于实现学校育人目标的课程体系和实施策略，这也是学校走出发展困境的必然之路。

二、解决问题的过程与方法

为了更好地引领学校全面、可持续发展，校领导提出了"文化铸魂、课程立校"的办学思路，在城乡发展共同体背景下，依托八十优质教育资源，探索农村学校课程建设与实施的新路径。学校自成立以来，以校长为课程领导核心的课程领导共同体，通过调研、论证、实施、评价反思逐步推进和完善学校的课程建构与实施对策，效果良好，并取得了阶段成果，可为兄弟校提供一定的借鉴。

（一）绘制蓝图，整体规划学校教育发展方向，构建学校课程体系

1. 前期调研、论证与方案设计

（1）设计方案的提出与初步形成（2008—2011）：

2007年9月，北京市实施新课程改革，八十中学作为北京市课程改革样本校，确立"基于教师专业发展的校本课程开发实践研究"课题研究项目，由教学副校长于冬云为课题负责人，课题组经过三年的研究，逐步建构了八十中学校本课程标准及六大领域校本课程体系。

（2）设计方案的完善与逐步发展（2011—2012）：

2010—2012年，八十中学着手申报北京市第二批自主排课实验学校，对八十中学课程建设进行了系统的思考和整理，形成八十中学课程方案。

2. 设计方案的校本化修订与实践（2012.9—2017.8）

2012年9月，八十中学为承担社会责任，在朝阳区城乡发展一体化项目背景下，将一所由六所农村中小学校合并的薄弱农村打工子弟学

校——北京市温榆河双语实验学校,变成八十中学教育集团成员校,成为北京市八十中学实验学校温榆河分校(初中),由八十教学副校长于冬云任校长,以"传承八十精神、实现教育均衡、探索课程改革、实施素质教育"为办学使命。分校自成立以来,于冬云校长以"文化铸魂、课程立校"为办学策略,实施课程领导,整体构建学校课程,促农村学校内涵发展。

(1) 学校办学理性思考再梳理,制定学校发展战略:

传承八十中学"一人一天地、一木一自然,让生命因教育而精彩"的办学思想,结合温榆河分校实际,确定"文化铸魂、课程立校"的办学理念,以"尊重为尚、信任为先、创造为力、发生为本"为核心价值观,培养具有"礼、善、真、勤、品、毅"六大品格的阳光学子,建设让师生"生命绽放"的乐园。

(2) 建立学校"课程领导"共同体,明确职责:

建构学校课程领导共同体,明确各级课程领导共同体的职责和任务,通过实施课程领导,进行高品质课程建设,每个学生的生命成长搭建平台,让每个学生都能到体验生命成长的快乐与精彩,为学生一生的幸福打下坚实的基础。

(3) 进行学校课程构建的顶层设计:

学校依托八十优质教育资源优势,以校长课程领导为核心,多次组织课程领导共同体成员,充分分析现状、结合学校发展实际,以促进师生共同发展为出发点,围绕"课程建设与实施"这个核心,形成学校课程建设的顶层设计,通过培训、提升学校各级课程领导主体的课程领导力,以学校课程建设目标、学校课程结构内涵为引领,自上而下践行课程改革。

(二) 探索课程实施对策, 构建实施路径

1. 德育课程体系构建与实施

"大课程观"统领学校课程建设, 围绕学校育人目标, 以品格、才华、领导力为建构维度, 构建融合德育、学科实践、艺体科类等综合实践类课程的课程体系, 为整体育人、立德树人提供很好的保障, 并为实现学校的育人目标做好实施策略。

2. 学科课程体系建构与实施

学校的课程要想落地生根, 需要依托学科课程的生长, 因此, 如何构建学校课程视域下的学科课程体系是本项目研究的重要内容, 学校在充分研讨的情况下, 组织各教研组进行了"学科课程建设方案"的几次撰写, 围绕着学科课程发展水平及特色估计, 学科课程构建的核心主题, 学科课程构建的基本思路, 学科课程内容的设计, 课堂教学改革的思路和举措, 学科课程教育资源的开发, 教师队伍建设七个方面系统地思考本学科的建设和实施情况。

3. 核心素养下的学科单元课程设计与整合

为了促进学生核心素养的形成和培育, 学校课程领导小组经过多次研讨, 提出了"核心素养背景下的学科单元课程设计与整合"的课程建设发展策略, 各学科组教师基于学生发展核心素养体系总框架, 构建融合目标、过程与方法、评价为一体, 进行了此项研究的探索, 并逐渐意识到每门学科课程都承担着学生核心素养的培养责任, 不同学科对学生核心素养有着不同的独特贡献。

4. 课程视域下"生命课堂"建构与实施

学校倡导的"生命课堂"理念就是将教师、学生以及提供我们知识的各位名家视作鲜活的生命, 让生命之间发生碰撞, 产生共鸣, 用不

同的场来吸引课堂上的每一个生命，使他们更加自信、乐观、勇敢、善良，学生不是学的机器，教师更不是教的机器，教材也不是死板的文字，课堂应有这三者之间的对话、交流、感悟与影响。

5. 每日7+1课程结构的构建与实施

为更好落实三级立体分层课程结构，学校精心设计每日课程实施结构"课程表"，8：00—15：50国家课程校本化实施，15：50—16：50综合实践类课程，使学校的顶层设计能够有效落实。

三、成果的主要内容

（一）整体规划学校教育发展方向，构建学校课程体系

1. 建立学校"课程领导"共同体，明确职责和任务

建构学校课程领导共同体，通过实施课程领导，进行高品质课程建设，为每个学生的生命成长搭建平台，让每个学生都能到体验生命成长的快乐与精彩，为学生一生的幸福打下坚实的基础。

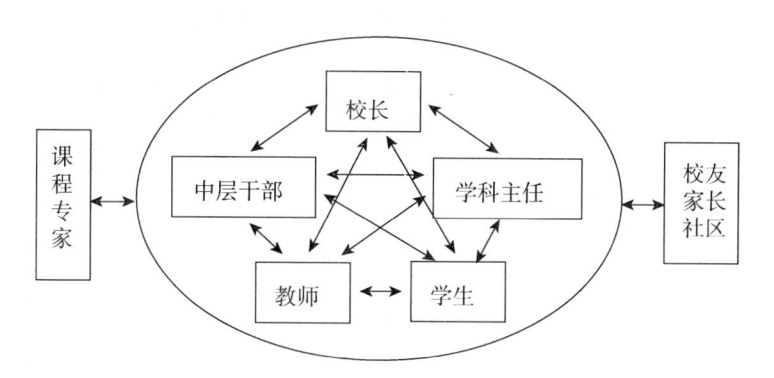

图6-1 学校课程领导共同体组成

学校课程领导共同体由学校课程主体、课程专家、校友社区家长三个部分组成。学校层面由学校课程指导委员会（学校管理者、骨干教

师、学科代表、学生代表等)、学科课程研究小组、学科年级备课组和任课教师四个层次的课程整合开发、实施的学术组织管理体系,每层职责分别为:

◆课程专家组:依托八十优质教育资源,组成课程专家组,在名师的指导和引领下,在较高的教育教学科研平台上,开发建设好学校的课程。

◆学校干部层面:负责确定国家课程校本化实践思路;负责设计学校各领域课程结构;课程资源建设;统筹学校课程实施、管理与评估;指导德育及各学科课程小组进行学科课程校本化标准的制定及课程建设;校本课程建设。

◆教研组学科课程研究小组:在学校课程框架思路指导下,以整合为基本思路,进行本学科课程体系建构;负责制订本学科校本课程标准及教学质量要求,等等。

◆学科年级备课组:负责全面落实学科课程小组制定的学科校本课程计划,制订本学科校本课程标准及教学质量要求;探索学科课程内容整合方案;研究课程实施中的教学方式和学生学习评价研究。

2. 构建学校课程体系的顶层设计

(1) 学校课程建设目标

为农村初中学校学生提供丰富、优质、可持续发展的课程资源。通过课程整合,建立学校三级立体分层的课程自主结构;形成学科基础类、拓展延伸类、实践应用三类课程学习内容体系;使学生基础扎实,习惯良好;学会选择,自主提升;个性彰显,全面发展。努力培养有理想、强体魄、会学习、善合作的阳光学子!

(2) 学校课程结构设计

学校课程结构坚持以"培养有理想、强体魄、会学习、善合作的阳光学子"的育人目标为课程设计的出发点和归宿,依据课程自主选择程度不同体现出三级立体分层的课程结构特点。它以面向全体的学科基础课程为起点,同时以学科拓展延伸类、实践应用类等选修课程呈现出丰富性和选择性,并以学生发现自己、形成个性特长的自主发展课程为高点目标设计。

(3) 构建"优良+50+5"学生学习评价标准

学校建立学生学习过程的评价体系,在各类活动中培养学生学习能力,激发学生个性潜能,制定"优良+50+5"学生学习标准:每个学生以"优良"成绩结业,读50本好书,坚持"五个一"活动:一口流利的中英文表达;一个痴迷的研究领域,培养学习能力;一项喜爱的体育技能,并能每天坚持训练;一项艺术爱好,每天坚持演练;一项为他人服务的实践活动,获得自信与快乐。

(二) 探索课程实施对策,构建有效实施路径

1. 德育课程体系构建与实施:品格、才华、领导力维度系统建构

面对日趋复杂的全球化进程和日益激烈的国际竞争形势,国家提出了"立德树人"的战略发展根本任务。温榆河分校为进一步落实"立德树人"践行大课程观。大课程观也是我们的大德育观,每一节课、每一次社团活动、每一次社会实践都是德育教育。让孩子通过社会实践去感受人性真善美带给人的幸福感,让充满正能量的优秀品质得到阐发、表达、升华,最终成为孩子们的价值观、人生观、世界观,成为孩子们的人生信念。

八十温榆河分校从"品格、才华、领导力"维度构建德育课程体

系。面向全体学生提出了"礼、善、真、勤、品、毅"培养目标，即温榆河分校学生六大品格培养。为了践行学生六大品格培养，我校学生发展处通过升旗仪式、主题班会、社区服务、社会实践、劳动课程、生活课程等系列活动来实现。通过实践应用类选修课程主要培养学生的才华与特长，即科技、艺术、体育、学科等方面的突出表现，通过学生会、班委会以及社团社长培训培养学生的领导能力及学生的担当、沟通、协作能力。学校通过这三方面的合作来建构我校整体德育课程体系框架。

2. 学科课程体系建构与实施：学科基础课程+学科实践课程（学科研学和学科活动课程）+学科选修课程

各学科教研组以改变学生学科学习方式，培养学生学科学习能力为核心，精心设计学科课程框架：

八十温榆河学科课程结构70%+30%实施框架

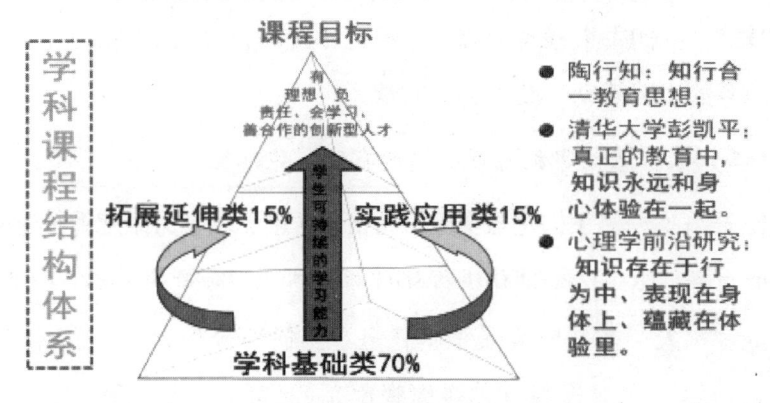

图6-2 学校学科课结构设计

◆学科基础课程70%：此部分课程属于学科核心课程，在完成国家课程标准必修内容的前提下，结合本校学生实际和育人目标进行课程整合，应突出学科的核心概念、主干知识及思想方法，基本能力以及初中基本学习习惯的培养，强调课程内容基础性，内容整合应该是所有学生都必须学的、以后都需要的，体现少而精的特点。

◆30%学科选修课程、学科研究课程、学科活动实践性课程设计，是为了满足学生对学科学习个性需要、培养学科学习能力而设计的。这就要求教师深入研究并整合学科课程，转变学科学习方式，培养学科学习能力。

3. 核心素养下的学科单元课程设计与整合

2014年教育部公布了《教育部关于全面深化课程改革落实立德树人根本任务的意见》，文件深入回答了"培养什么人，如何培养人"的问题，并提出将"学生发展核心素养体系"的研制与构建作为着实推进课程改革深化发展的关键环节，以此来推动教育发展。素质教育发展至今，已经硕果累累，得到教育界内外的普遍认可，但仍存在诸多问题。比如：学生总体发展水平不够高，可持续发展能力不够强，迫于升学压力，身心发展受到一定程度的影响，学习能力、创新能力、生存能力、心理素质等不能完全适应社会经济变革的要求，不能很好地满足国际竞争的需求等。

为了促进学生核心素养的形成和培育，学校课程领导小组经过多次研讨，提出了"核心素养背景下的学科单元课程设计与整合"的课程建设发展策略，各学科组教师基于学生发展核心素养体系总框架，构建融合目标、过程与方法、评价为一体，进行了此项研究的探索，并逐渐意识到每门学科课程都承担着学生核心素养的培养责任，不同学科对学生核心素养有着不同的独特贡献。

在不断的探索与实践中，我们不仅形成了学科课程建设方案，并形成了学科单元课程设计与整合评价量表，并逐渐以学校教学基本功活动为契机，锻炼教师在学科单元课程设计的能力和水平。

单元整合研究——教师课程领导力提升

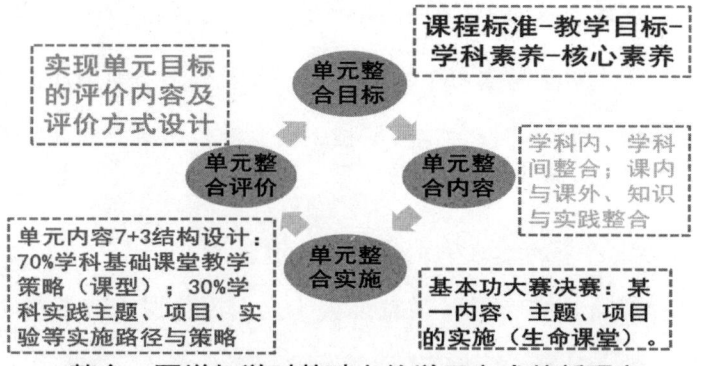

图中文字：
- 单元整合目标
- 单元整合内容
- 单元整合评价
- 单元整合实施
- 实现单元目标的评价内容及评价方式设计
- 课程标准-教学目标-学科素养-核心素养
- 学科内、学科间整合；课内与课外、知识与实践整合
- 单元内容7+3结构设计：70%学科基础课堂教学策略（课型）；30%学科实践主题、项目、实验等实施路径与策略
- 基本功大赛决赛：某一内容、主题、项目的实施（生命课堂）。
- 整合：不增加学时基础上的学习方式革新研究

图6-3 学校单元课程设计与整合实施框架

表6-1 学校单元课程设计与整合评价量表

一级指标	二级指标	评价标准	权重
科学性原则	科学性	课程材料等不能出现科学性或思想性等方面的问题或错误。	10分
课程目标	准确性	课程目标具体、明确，便于操作、评价；课程目标符合认知水平，有创新精神，有批判意识；课程目标是否符合学科核心素养的基本要求，课程是否具有整体观念、是否具有层次性、是否可持续开展。	30分
课程内容	丰富性	课程内容在选材上是否有时代特征；课程内容是否能很好地与学生的生活实际、认知实际相联系；课程内容是否能够有效地结合了学生已有的基础知识、基本技能、基本经验和基本思想或方法和学科核心素养的基本要求。	30分
课程实施	目的性	课程的实施是否能较好地服务于课程目标，进而促进核心素养的养成与发展。	15分
课程评价	有效性	课程目标、课程内容、课程实施是否真正促进了学生核心素养的养成与发展。	15分

4. 课程视域下的"生命课堂"实施与实践

学校倡导全体教师"用心灵教书，打造生命课堂"。生命课堂，是师生生命共同发展的乐园，是师生间和生生间充满生命活力的思想、文化、情感交流的空间。在生命课堂里，引力场、情感场、思维场和品格场，像一条无形的纽带，将教师与学生、学生与学生紧紧相连。生命课堂就是通过激发兴趣、驱动问题、欣赏与合作策略的实施，促进学生主动学习、快乐学习、深度学习、坚韧学习，培养学生的自信、坚毅与勇敢的品格，并最终使学生成为有智慧有德行的人。

5. 构建每日 7+1 课程结构实施框架

2012 年以来，学校根据学生年龄特点及认知规律，实行每日"7+1"课程结构。

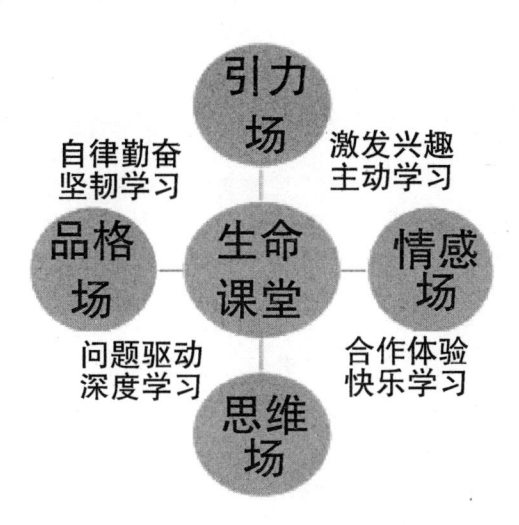

图 6-4　课程视域下的"生命课堂"理念构成图

表6-2 学校"7+1"课程结构框架

类别	国家课程（学科领域）	学科探索与综合实践
课程安排	1—7节（45分钟）	课外活动（60分钟）
课程宗旨	共同基础、全面发展	学有所长、个性发展、创新精神、实践能力
课程内容	国家课程要求内容	学科拓展、主题活动
课程实施	行政班	走班

7为每日基础必修课程，1为学科拓展延伸类、实践应用类选修。每名学生实现套餐式选课，实现每周学科拓展延伸类、学科实践应用类菜单选课，按照自己的兴趣发展。

表6-3 "7+1"课程结构周课程安排

星期	年级	周一	周二	周三	周四	周五
前七节（45分钟）	七年级					
	八年级			学科基础课程		
	九年级					
课外活动（60分钟）	七年级	实践应用类课程（艺术类）	大师进校园项目（科技类）	体育活动	学科拓展类选修课	体育（花式篮球）
	八年级	实践应用类课程（艺术类）	大师进校园项目（非遗类）	体育活动	年级自主（分层研学）	体育（花式篮球）
	九年级	学科研学	学科研学	学科研学	学科研学	学科研学

四、实践效果及影响

（一）通过学校课程建设与实施，为学生营造生机勃勃的教育生态环境

课程是学校和孩子之间最亲密最直接的结合点。国家的教育大纲，直指教育的本质，关键是如何在每一个具体的教育环境中落地生根。学校用大课程观统领学校的课程建设，以国家课程为主线，根据学校师生的具体情况，打破学科间的壁垒，复原知识立体关联的本质。同时，丰富学校课程类型，构建课程群，为学生的个性、全面、可持续发展搭建了平台。近年来，八十温榆河分校的学生积极参与朝阳区、北京市乃至全国在科技、体育、艺术各领域的竞赛，五年间累计860余项，这在过去几年是无法想象的，学校提出的"优良+50+5"的课程标准达标率也在80%以上。在北京市1+3项目推进中，我校初二年级被北大附中、清华附中超额录取14名同学，近三年，北京市中考改革更加注重学生能力的考察，我校学生在学校的各类课程的培养下，在中考中表现优异，学校累计升入北大附中本校学生6人，升入朝阳区重点高中29人，及格率100%，优秀率近60%，近80%的学生升入普通高中继续求学。五年中，学生各类获奖从零的突破到逐年品质的提升，共计865项。

表6-4 2013-2017学校学生获奖统计

年份	学生集体奖	学生个人荣誉奖 市级	学生个人荣誉奖 区级	学生竞赛获奖 市级一等奖	学生竞赛获奖 市级二等奖	学生竞赛获奖 市级三等奖	学生竞赛获奖 区级一等奖	学生竞赛获奖 区级二等奖	学生竞赛获奖 区级三等奖	合计
2013	6	0	24	0	0	17	6	14	28	95
				17			48			
2014	17	0	32	6	9	10	5	16	28	123
				25			49			
2015	12	6	25	0	13	46	15	9	35	161
				59			59			
2016	16	4	25	15	12	87	31	37	97	324
				114			165			
2017	16	4	32	4	12	17	8	7	62	162
				33			77			

（二）通过学校课程建设与实施，为教师打造浓郁鲜活的教育学术氛围

学校自2012年7月开始实施本项目以来，通过实施不同层面的课程领导探索，提高了干部教师的课程意识和课程领导能力。教师们从课程建设的角度开展深入研究，学校在朝阳区十二五第二批科学规划课题中，有三个课题顺利立项，均与本项目相关："提高初中学生数学学习兴趣与思维能力的校本课程研究""城乡发展共同体背景下的课程领导校本实践研究""农村校初中英语中外"1+1"合作课堂介入方式及介入时机实践探究"，2017年，学校数学组课题"核心素养下的农村初中数学实践活动的校本实践研究"在北京市课题规划办顺利立项；综合

实践组课题"适用于农村初中的基于科技竞赛的校本课程开发与实施研究"在朝阳区十三五第一批科学规划课题中顺利立项。学校教师的研究、专业化水平逐年提升。同时，五年来，学校教师有关课程类成果有艺术类课程1项、科技类1项，与课程建设与实施的论文共计80余篇，区级以上课题研究8项。

表6-5 2013-2017学校教师获奖统计

年份	教师个人荣誉 市级	教师个人荣誉 区级	教育教学科研奖 市级一等奖	教育教学科研奖 市级二等奖	教育教学科研奖 市级三等奖	教育教学科研奖 区级一等奖	教育教学科研奖 区级二等奖	教育教学科研奖 区级三等奖	学科竞赛辅导获奖	合计
2013年	6	10	5	2	9	1	2	3	3	45
			\multicolumn{3}{16}	\multicolumn{3}{6}		
2014年	0	3	2	8	20	13	2	18	16	94
			30			33				
2015年	2	7	7	7	16	3	1	11	42	110
			30			15				
2016年	1	12	9	24	42	5	5	30	22	160
			75			40				
2017年	3	14	22	36	77	2	3	5	35	205
			135			10				

（三）通过学校课程建设与实施，提升了学校办学品质与内涵

学校2012年7月依托城乡共同体成立，2014年9月学校被评为北京市课程建设先进单位，2015年1月学校被评为朝阳区素质教育示范学校。2013年9月26日在"探索城乡教育一体化的有效途径"项目推

进暨朝阳区结题现场会上，学校作为典型发言，介绍一所农村薄弱学校在城乡发展共同体背景下的快速发展；五年来，学校的生源发生了很大的转变，本地学生回流逐年增加，由2012年学校仅有12名京籍学生，到2017年9月，学校京籍学生达到115人，学校的办学质量得到了当地百姓的充分认可与信任。同时学校五年来的办学，也得到了市区领导的重视和肯定，学校获得市区及各类奖项达48项，成为市区各类实验项目的实验学校（北京译泰教育测评研究院实验学校、朝阳区中小学生职业能力培养工程项目学校、北京市朝阳区学习科学研究基地校），五年来，连续五年获得朝阳区中考优秀学校称号，学校获奖48项。

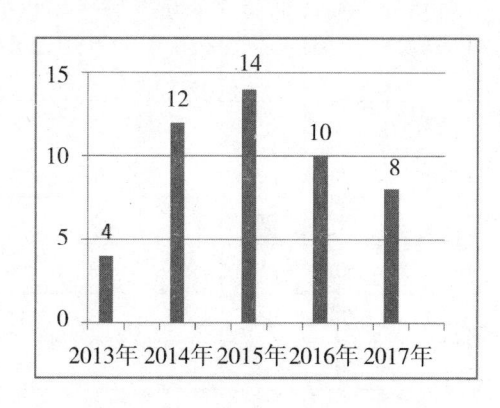

图6-5 2013—2017学校获奖统计

（四）通过学校课程建设与实施，为促进优质教育资源发挥辐射作用提供了更多的契机

1. 服务社区百姓，为所属学区优质教育资源共享贡献力量

学校的发展与办学品质的提升离不开上级领导、学区的帮助，更离不开社区的支持，为了让更多学区内的中小学生享受优质教育资源，学校自2015年开始，连续两年为学区中小学生举办"科技节"活动，受到了孩子们的热烈欢迎与喜爱。

2. 帮扶教育资源匮乏地区，为教育均衡贡献力量

2014年，我校成为贵州省罗甸县罗悃中学的手拉手学校，我们从对罗悃中学的干部教师进行课程建设培训，到资助罗悃中学优秀学生到八十湾榆河游学体验，为罗悃中学提供了不少优秀经验。经过多次的干部、师生交流，罗悃中学不仅在课程建设方面有了很大的进步，更在中考中取得了罗甸县第一的好成绩。

2017年4—7月，学校校长多次带领多名骨干教师，赴山西吕梁石楼县南城初级中学，与全县教师进行学校课程建构与实施、学科课程建构与实施等方面的交流，受到了广大教师们的一致好评。

3. 承办各级各类课程建设研讨会，与教育同仁分享教育智慧

学校自2013年以来，多次承办各级各类课程建设研讨会，2014年4月，学校与中国教师报联合承办全国"同课异构"课堂展示活动，参与活动的有来自江苏、山东等教改活跃地区的教育同仁，也有来自北京东城、通州、怀柔等各区县的教育志士，活动当天，教育家魏书生先生拨冗莅临，为与会教育者传播了经典的教育思想和生动的教育案例，与会者受益良多。2015年学校代表朝阳区迎接国家促进教育均衡督导检查，获得高度肯定。2016年10月学校承办第五届校长课程论坛，论坛上，学校充分展示学校几年来在课程建设与实施方面的成果，尤其是一线教师对课程的理解与阐释，得到了与会专家高度肯定与鼓励。2017年7月，学校与南洋理工大学北京分会联合承办"家校合作，共筑梦想"的高端论坛，会上我们将学校的育人理念与关注教育的有志之士充分交流，分享了学校几年来积累的教育智慧。五年来，学校承办北京市城乡一体学校媒体见面会两次；代表北京市教委、朝阳区教委接待人大代表调研三次；校长及教育教学干部自2013年以来连续四年承担朝

阳分院正职后备班、教学主任班的"课程领导力"培训指导教师；举办市区级课程建设与实施现场会3次，接受"国培计划"深入课堂学习2次。

五、存在的问题及进一步研究的设想

学校课程建设是个系统工程，学校课程体系的建设要不断动态变化来满足学生培养的需求，需要学校干部、教师等不同层次的课程领导者不断地学习、实践、反思，还要不断地深入了解学生发展需求、社会发展需要，深刻理解学校办学使命，践行让每个学生的生命因教育而精彩的办学思想。学校课程体系建构还需要各级课程领导者不断的实践、反思、调整、完善。提升各级课程领导者的课程领导力是学校课程建设的关键，后续重点领域研究项目课程建设还需要深层次的思考及不断总结经验。

2017.08.30

成果二　文化铸魂促内涵发展　明心启智耀生命之光

——记八十温榆河分校文化建设的实践与探索*

八十温榆河分校　于冬云　解　强　王维维

《周易·象传》说："刚柔交错，天文也；文明以止，人文也。关乎天文以察时变，关乎人文以化成天下。"文化，可以说是一个人、一个家庭、一个民族、一个国家、一个大小共同体生存发展于世界的最重

---

* 此篇曾刊载在国家核心期刊《人民论坛》，其中刊登了学校文化建设成果。

要的精神符号。在文化育人的征程中，北京市第八十中学实验学校温榆河分校自成立以来就开始了具有本校特色的文化建设的实践与探索。

带着北京八十中学田树林校长"让更多农村孩子享受优质教育"的梦想，2012年7月，我们学校成为北京八十中学教育集团成员校，从而迎来了新的发展机遇，八十中学教育集团为我们学校确定了"为农村打工子弟学生提供优质教育资源"的办学使命；传承、贯彻八十中学办学思想，将八十中学办学的精神内涵转变为教师的教育教学行为；进行课程改革探索实验，实施素质教育。

我们在传承八十中学教育集团"一人一天地，一木一自然，让生命因教育而精彩"的办学思想的基础上，提出八十中学温榆河分校"文化铸魂，课程立校"的办学策略，系统建构学校的文化建设体系，逐步探索出一条符合学校发展实际又凸显育人特色的文化建设之路。

理念文化——奠定学校内涵发展之根基

在教育发展的新时代，党和国家站在民族振兴的战略高度，提出文化强国战略。为实现这一战略目标，我们学校坚持用特色文化引领学校实现内涵式发展，并在长期的实践和发展中形成了一套自己的理念文化体系。

我们学校从建校开始，就积极传承八十中学田树林校长"一人一天地，一木一自然，让生命因教育而精彩"的办学思想。田校长说，每一个孩子好比大自然中的一颗种子，在最自然的生态环境中，就一定能长出它最本真最自然的样子，成为它自己。这就是它的唯一性，而每一个唯一，就构成了大自然的多样性，构成了天下最大的美景。那么，学校的作用就是要给孩子们创造一个生命的大自然，给孩子们创造一个和谐的生态环境，保护孩子的天性，让孩子的生命基因得到正确而充分的表达，让孩子生命中原本就有的真、善、美得到激荡，让孩子的生命活力得到最自然地释放。只有让孩子的天性得到最自然的表达和发展，他才有可能真正地去服务社会，并且在服务社会的过程中完成他的自我实现，也才可能成为真正意义上的人才，也才可能因为懂得奉献而去奉献，成为一个幸福的人。只有这样，才能不辜负生命本身的传奇，才能获得生命的尊严。所以，我们希望每一个孩子都因为教育而精彩，让每一个孩子都成为唯一不可替代的"这一个"。

图6-6 校长在北京教育学院朝阳分院新任教学主任培训班专题讲座

在传承田校长办学思想的基础上，我们结合学校实际，建构八十中学温榆河分校"将学校建成师生'生命绽放'的乐园"的办学愿景。学校，是学生们发现自我的天地，是生命成长的乐园，学校教育要通过文化、课程促进学生的全面发展，相信学生发展的无限可能性，唤醒学生自主学习、自主成长的意识，形成积极奋进的精神状态。学校，是教师生命发展的舞台，是老师们分享教育智慧的平台、研究教育教学的学术机构。学校构建健康、和谐、幸福、追求卓越的氛围，才能使教师们发挥自我潜能、实现自我价值、享受职业幸福。学校所有的生命都经历着磨砺、成长、绽放的发展过程，就如那朵不知名的小花和崖壁上的小树，经受风和雨的洗礼之后绽放出生命的光彩。"生命绽放"是"一人一天地，一木一自然，让生命因教育而精彩"的办学思想在八十中学温榆河分校本土化的集中体现。

为了带领和激励教师团队更好地发展，我们学校确立了八十中学温榆河分校"尊重为尚、信任为先、创造为力、发生为本"的核心价值观。面对与八十中学不一样的师生群体，特别是亟待提升的教师专业队伍，外来打工子弟为主体、缺乏未来规划的学生群体，我们需要用统一的价值判断来引领干群关系，引领师生健康、快乐、幸福地成长。"尊重为尚"就是尊重教育规律、尊重个性发展、尊重生命价值；"信任为先"就是信任激发潜能、信任激发自信、信任促进和谐；"创造为力"就是激发创造潜能、提升创造思维、培养创造能力；"发生为本"就是重视正向生成、接纳错误发生、宽容面对成长，使学生能够在和谐友善的校园里积极健康地成长。

为了引领学校科学发展，我们提出了八十中学温榆河分校"文化铸魂，课程立校"的办学策略。国内外每一所名声赫然的学校都有其自身强有力的学校文化，它影响着学校大到学校决策、办学方向，小到师生行为举止、生活习惯等，是全体师生共同遵守的"制度"，最终会形成一个学校的灵魂，决定学校的内在气质和前进方向。我们不断挖掘学校发展历史中的文化精髓，并将八十中学精神文化内核通过各种课程、活动铸入师生灵魂，进而达到师生外显的高雅修为、文化铸魂、幸福一生。

育人文化——绽放学校内涵发展之菁华

为了落实国家立德树人根本任务，培养德智体美劳全面发展的社会主义建设者和接班人，我们学校传承八十中学"一人一天地，一木一自然，让生命因教育而精彩"的办学思想，本着"品格第一，立足实际"的原则，确定了我们学校的育人目标：培养具有"礼、善、真、勤、品、毅"六大品格的现代绅士、淑女。

"窈窕淑女""谦谦君子"体现了中国古人对高雅气质的追求，是对一个人知礼、知性的集中表达。我们学校提出的培养"现代绅士、淑女"是对学校文化育人目标的凝练说明，是学校对现代及未来人才所具备的品格气质的概括，即培养具有"独立自信的内在气质、端庄优雅的外在举止"的人。这里既有传承于中国传统文化中"君子""淑女"品格，比如"爱己及人""明礼守法""自强不息""涵养浸润"等；也有吸收了世界上被大众普遍认可的文明，比如严谨务实的科学精神、勇于反思质疑的批判精神等，还结合了八十中学校训"勤奋、求实、创造、奉献"的具体内涵。学校将绅士淑女的外在表现凝练为守礼、向善、求真、务勤、敦品、弘毅六大品格，这也是对我们学校文化育人目标进行评价考量的标准尺度。

为了更好地阐述学校的育人文化，我们学校设计了德育符号"六品花"标识图，其设计源自八十中学校徽。同样是一朵花，我们之所以称之为"六品花"，是因为其主要蕴涵着温榆河学子如花朵般绽放生命，代表每个学生最好的生命状态。核心的花柱是我们学校学生德育符号——"现代绅士、淑女"；围绕花柱转动起来的"独立自信的内在气质、端庄优雅的外在举止"是对"现代绅士淑女"品格气质的一种高度概括。我们倡导内外兼修，内在方面，有一颗强大的内心，不易被困难和挫折击倒，面对纷繁错杂的形势，能独立地提出观点和做法，并向他人清楚地表达自己的观点；外在方面，着装整洁、得体，形象端正大方，言行举止得体优雅。外圈的六个花瓣是"现代绅士淑女"的外在表征，体现了现代绅士淑女身上所具备的"守礼、向善、求真、务勤、敦品、弘毅"六大品格。

在学生成长中，为了教会学生学会爱和拥抱，让他们更加勤劳和坚强，我们学校在"现代绅士淑女"这种丰富而精彩的设计理念之上，对"六品格"的基本内涵进行了深入的挖掘，并以八字表达。"礼"即明理守法，秉行正义，要求温榆河学子不仅要继承中国重视"礼"的传统，还要积极主动学习不同文化、情境之中的礼仪制度，更要严格遵守各项法规制度，心怀正义；"善"即爱己及人，心怀感恩，希望温榆河学子有一颗善良的心，对自己、他人有爱，并将这种爱推广开来；"真"即严谨科学，求真务实，希望温榆河学子面对问题，养成"大胆假设、小心求证"的习惯，能够结合自身的处境和实际对自己的人生做出合理规划；"勤"即勤学善思，身体力行，希望温榆河学子在学习中钻研多思，培养勇于奉献的品质，生活中勤劳肯干，善于反思；"品"即涵养浸润，志趣高雅，希望温榆河学子成为志趣高雅、品味非凡的人，养成读书、实践的好习惯，沉浸于经典作品和社会实践，从中汲取智慧和营养；"毅"即坚毅果敢，自强不息，希望温榆河学子无论面对什么问题和困难，都要勇于承担、乐观面对。

课程文化——凝聚学校内涵发展之动力

课程是一所学校教育的核心载体，是学校教育教学活动的基本依

图6-7 学生在体育文化节上充满个性与活力的展示

据,是实现学校教育目标的基本保证。助力师生的成长,课程供给的质量决定着一所学校的核心供给力。我们学校成立伊始,就提出"实施城乡教育发展共同体背景下的课程领导,以学校课程建设为核心,促进学校内涵式发展"的命题,并确立"课程立校"的办学策略,希望通过课程建设,为师生成长与发展搭建平台,让师生感受教育如彩虹一般的色彩,让生命因教育而精彩,让文化铸学校发展的内在之魂,让课程立学校发展的永恒之本!我们学校一直致力于建构"整合、多元、自主"的课程文化,通过实施课程领导,进行学校课程的顶层设计,探索有效实施途径,为师生发展搭建成长的平台。

课程结构是课程目标转化为教育成果的纽带,是课程实施活动顺利开展的依据。我们学校坚持以文化育人目标为课程设计的出发点和归宿,依据课程自主选择程度不同体现出三级立体分层的课程结构特点。它以面向全体的学科基础课程为起点,同时以学科拓展延伸类、实践应用类等选修课程呈现出丰富性和选择性,并以学生发现自己、形成个性特长的自主发展课程为高点目标设计，体现了新课改课程结构的均衡性、综合性等特点。

为更好地保证学校课程的实施，我们学校以学科（领域）课程为载体，以分层、分类实施为策略，构建"7+3学科课程结构"。70%学科基础课程属于学科核心课程，在完成国家课程内容的前提下，结合本校学生实际以人教版、北师大版、外研社版教材为依据，对教材编排顺序及知识难易、多少做适量的改变和补充，以更好地符合学生认知规律。这部分课程内容着重突出学科的核心素养、基本概念、基本思想方法、基本能力以及对初中生基本学习习惯和方法要求的落实，强调课程内容基础性、本质性，体现少而精的特点。30%学科选修课程、学科研究课程、学科活动实践性课程设计，是为了满足学生对学科（领域）学习的个性需求。注重培养学生深入思考、动手实践和综合运用的能力，是学科基础课程的延伸与深入。

课堂是学生生命成长的原野，是学生学习的场所，是教师育人的主渠道，同时也是学校课程设计与实施的主阵地，更是我们学校课程设计与实施效果检验的场所。因此，我们学校课堂的理念、形式及内容不仅是学校课程设计、课程领导的体现，更将对学生的身心成长起着重要的作用。

我们结合国家所倡导的育人价值理念及学校实际，提出了"生命课堂"理念。生命课堂是师生生命共同发展的乐园，是师生间和生生间充满生命活力的思想、文化、情感交流的空间。在生命课堂里，引力场、情感场、思维场和品格场，像一条无形的纽带，将教师与学生、学生与学生紧紧相连。生命课堂就是通过激发兴趣、驱动问题、欣赏与合作策略的实施，实现学生主动学习、快乐学习和深刻学习的场所，我们积极培养学生的自信、坚毅与勇敢的品格，并最终使学生成为有智慧有德行的人。

环境文化——凸显学校内涵发展之魅力

鲁迅先生说："要想造就天才，首先必须准备天才生长的土壤。"校园环境文化建设对孩子的全面发展起着重要作用，在开发学生智能、培养学生兴趣和良好行为习惯方面发挥着独特的功能。我们学校在校园环境文化建设中以"让每一张展板真正会展示，让每一面墙壁真正会说话，让每一处景观真正会倾诉，让每一个景致真正会萌发"为目标，确立了"校园内部环境文化建设——营造书香校园文化；校园外部环境文化建设——打造特色校园文化"的整体策略。

展板是呈现学校教师教学成果的窗口，是展现学子们智慧和才能的平台。让每一张展板真正会展示，旨在让学校的文化建设与课程建设相互结合，让学校展板体现班级文化和年级教育主题，与学科月活动密切结合，分期、分主题地将学生的作品及其风采逐一进行展示。让每一面墙壁真正会说话，意为墙壁本身也是校园内部文化建设的代言。诸如，将反映学校办学理念及学生校园生活的照片放大装裱到镜框，镶嵌于综合楼和教学楼的楼道墙壁两侧，仿佛在告诫学生要注意保护楼道墙壁的干净整洁。让每一处景观真正会倾诉，旨在深层挖掘校园外部文化环境建设的内涵与底蕴，让具有学校办学理念和办学特色的环境建设成果与博大精深的中华传统文化相联，将传统文化的精髓渗透其中，让每一处校园景观变成校园文化的使者，将文化的魅力鲜活灵动地传递与展现出来。让每一个景致真正会萌发，这一校园文化环境建设指导思想与我们学校的核心价值观相辅相成，校园景观不仅蕴含传统文化，更力求让传统文化深入人心，这也是校园文化环境建设最高层次的精神要求。

　　创设与教育相适应的良好环境，满足学生多方面的需要，使学生在校园生活中获得有益于身心发展的经验，是学校应承担的一份责任。我们学校校园环境文化建设以"楼道文化、展板文化、书香文化"三位一体综合考虑，既充分保护了我们学校原有教学物质资源，又将学校文化建设力度最大化，真正做到文化育人、润物无声，使我们学校"文化铸魂，课程立校"的办学理念成为有机统一的整体。

　　学校环境文化建设有利于陶冶学生的情操，激发他们的求知欲望，达到校园的绿化和育人的双重目的。我们学校校园环境的建设是以中华优秀传统文化内涵孕育其中为主线，将中华优秀传统文化与现代学校环境建设有机融合，真正做到环境育人、景观育人。经过精心设计与实施，学校创设了"愿景之墙、温榆之水、智慧之门、特色长廊、礼信广场、育才大厅"六大特色文化景观和"孔杏之坛、品格之光、合力之拳"三大经典文化景观，将昨天、今天、明天巧妙地贯穿起来，将古代先哲圣贤与当下学生培养目标，以及学校发展使命和美好憧憬巧妙连接，使学校环境文化建设的宗旨落地生根、开花结果。

　　我们学校每一处景观均体现了深厚的文化底蕴。"愿景之墙"将点亮师生的人生航程，激励师生们积极进取、奋勇向前，也意味着我们学校将带领全体师生脚踏实地，求真务实地做教育、谋发展、创品牌；"温榆之水"体现我们学校师生会如水般柔韧谦和，胸怀荡然，我们会尽自己最大的力量去帮助他人，服务社会；"智慧之门"矗立在金色的阳光之下，刚正不阿的力量油然而生，代表我们学校校园文化的内涵本真和质朴；"特色长廊"是由科技、体育、艺术三个单元共同组成，深刻体现了我们学校力求让每一个学生在这里潜心学习、刻苦钻研、戒骄戒躁，让他们的志趣得到发展，生命得以绽放；"礼信广场"体现了我们学校力求让温榆河分校的每一个学生都成为君子，有自己所追求的人生目标和理想，并为之一生拼搏奋斗；"育才大厅"汇聚了温榆河人的无穷智慧和美好愿望，我们要在自己的本职岗位上勤于钻研，要为学校建成师生"生命绽放"的乐园贡献自己的力量。另外，我们学校三大经典景观——孔杏之坛、品格之光、合力之拳，内涵丰富，这几部分的文化建设促进学校朝着内涵式发展的方向不断前进！

习总书记指出坚持文化自信是更基础、更广泛、更深厚的自信，是更基本、更深沉、更持久的力量。我们学校承载着八十中人的教育使命和无比厚重的社会责任，全校师生风雨同舟、众志成城、开拓创新、追求卓越，经过六年的文化深耕发展，终于涅槃重生，发生翻天覆地的变化。我们学校先后获得"北京市中小学文化建设示范校""北京市中小学校章建设示范校""北京市文明校园"等荣誉。

文化铸魂促内涵发展，明心启智耀生命之光。我们学校传承八十中学办学思想，确立"文化铸魂，课程立校"的办学思路，与八十中学"管理一体、研训一体、资源一体"，逐渐成为与八十中学相匹配的优质初中学校、朝阳区"城乡发展共同体"项目示范学校。面对新的机遇、新的挑战，全体温榆河师生踌躇满志，斗志昂扬，努力将学校建成朝阳区乃至北京市文化育人的优质初中学校，让学校真正成为师生生命精彩绽放的乐园。

2019.4

成果三　师生在课改中共享生命的成长

——记八十温榆河分校课程建设的思考与实践*

课程是学校的重要生产力，决定了学校的教育品质和育人质量。自1999年国家启动新一轮基础教育课程改革以来，全国中小学掀起了新一轮课改的浪潮，力求转变以往的教学方式与学习方式，促进学生积极主动学习态度的形成，落实素质教育。那么，如何结合新课改所体现的素质教育理念，探索与校情、学情、生情实际相适应的课改之路？这是一所学校课程改革是否成功的关键，同时也是北京市第八十中学实验学校温榆河分校于冬云校长深入思考的重要课题。

北京市第八十中学实验学校温榆河分校依托朝阳教委"城乡学校发展共同体"项目，成为八十中学办学集团成员校。原北京八十中学教学副校长于冬云担任北京市第八十中学实验学校温榆河分校校长。她带着八十中学田树林校长以及八十中学承载的教育理念与愿景带领温榆河分校广大师生开辟出一片教育晴空。在教育的堤岸上，看春天鸟语花香，夏季桃红柳绿，秋季大雁南飞，冬天银装素裹，每一个季节都是一处风景，如同每一个孩子都值得细细欣赏；慢慢行走，怀揣着教育最初的愿景小心呵护。"一人一天地，一木一自然"，三年的时光，八十中温榆河分校以优质教育为目标，构架起三级立体分层课程结构，努力打造一所生命绽放的乐园，让师生共享生命的成长。

---

* 曾刊载在国家核心期刊《人民论坛》，其中刊登了学校课程建设成果。

顶层设计，追溯生命的本源

人生天地间，各自有禀赋。每一个孩子生下来就有独一无二的基因，就如同世界上没有两片完全相同的树叶。从几千年前教育圣人孔夫子提出的"因材施教"的教育思想，到21世纪教育学者提出的"以生为本"的教育思想，无不反映了教育要尊重学生的差异、发现学生的禀赋，成全学生的发展。诚如温榆河分校所传承的八十中所倡导的"一人一天地，一木一自然"的教育理念，每一个学生都是一个鲜活而丰富的生命，自由幸福地发展是他们成长的需要，也是他们获取快乐、幸福体验的源泉。温榆河分校传承八十中的办学思想，以"尊重为尚、信任为先、创造为力、发生为本"为价值引领，以"文化铸魂、课程立校"为办学理念，希望塑造新一代有理想、负责任、会学习、善合作的创新型人才。

课程虽是育人的载体，可它背后所折射出的是育人的理念，表现在是否注重学生的个体差异和人格尊严，是否关心学生的内心世界和情感。为了更好地推动学校课程改革，北京八十中温榆河分校在课程体系的建构中进行了顶层设计和目标引领。作为一所课改初中校，温榆河分校课程建设的顶层设计既立足当下，更着眼于未来；既着眼于实现学科知识的目标，又关注学生多元化、个性化的发展。通过课程整合，温榆河分校建立了三级立体分层的课程自主结构：以面向全体的学科基础课程为起点，以学科选修课程与实践应用课程为辅助呈现课程的丰富性和选择性，并且以学生形成个性特长的自主发展课程为高点目标设计。其中，学科基础课程属于学科核心课程，在完成国家课程标准基础内容的前提下，结合本校学生实际和育人目标进行课程整合，突出学科的核心概念、主干知识及思想方法,基本能力以及初中基本学习习惯的培养;强调课程内容基础性,体现少而精的特点。学科选修课程、学科研究课程、学科活动实践性课程设计占30%,是为了满足学生对学科学习个性需要、培养学科学习能力而设计的。学科类课程与拓展、应用类课程齐开,每天"7+1"的套餐式选课让每名学生按照自己的兴趣享用"百吃不厌"的文化大餐。

如果说三个层次的课程架构以学生发展为内核层层递进,凸显出课程的整合性、多元性和高选择性,为学生基础性提高和个性化发展描绘出蓝图;那么在此基础上设置的具体课程目标则给学生提供了更为多样的舞台。学校要求学生在校期间除了要读50本好书,还要坚持"五个一"活动:一口流利的中英文表达,一个痴迷的研究领域,一项喜爱的体育技能,一项艺术爱好,以及一项为他人服务的实践活动。梦不在多,有理想则弘;担不在重,有责任则雄;斯是知识,会学习则常新,会合作则双赢。以理想为翅膀,以担当为力量,会独立学习,会彼此合作,温榆河分校的少年焕发出这个时代所需要的生命原动力。

立德树人是教育之根本。作为一项复杂的系统工程,人才培养必须立足经济社会的发展、时代的变迁,以教育哲学的思维、自由开放的创新精神、国家民族振兴的责任意识,培养与社会需求相适应的人才。八十中温榆河分校在这方面积极尝试,以"学校'普职融通'职业技能培养特色项目"和"12年一贯制小学与中学对接课程研究"两项研究为基础探索新时代的课程育人模式。"普职融通"项目侧重提高学生信息、媒体与技术素养,生活与职业素养的培养,加强基础教育和职业教育的联系,旨在培养学生的生活技能和劳动技能。而12年一贯制小学与中学对接课程主要以"科学创新实验班5+3+4"为载体,主要任务是建立融合中西方课程优势为一体的适合拔尖创新人才培养的课程体系，实现培养学生思维能力、自主学习能力为核心的教与学方式的变革，建立学校科学、多样的人才评价体系。

有位教育家曾言，教育的本质不在于传授本领，而在于激励、唤醒、鼓舞。追本溯源，教育的本源是对生命的尊重，激励生命的成长，唤醒生命的可能，鼓舞生命的绽放。作为学校教育理念与学生个体成长的连接点，课程建设的重要性不言而喻。如今的八十中温榆河分校已经形成语言与文学、数学、人文与社会、科学、艺术教育、综合社会实践等六大领域的课程体系。每一个领域的课程分学科基础类、拓展延伸类、实践应用类三种不同类型的课程，充分尊重每一个生命的成长轨迹，并最大限度地为他们提供个性化的成长轨道。于校长说："八十中温榆河分校的孩子一定是基础扎实、习惯良好、个性彰显、全面发展，会选择学习也懂得自主提升等品质兼备的学生。"朝阳旭日初升，春前之草初长，培养新时代自信而阳光的少年，八十中温榆河分校人在朝阳中快乐舞动，向前跃进。

步步推进，汇小流以成江海

我国著名教育家冷冉先生对于教育改革有过这样的论述："将'以教学为主体、以管理为手段'转移到'引导学生学会学习，引导学生学会做人'的轨道上来，这便是教育改革的成功。"有了科学规范的顶层设计做引领，关键在于课程实施，在于课堂教学，在于师资建设。随着课程顶层设计的出炉，八十中温榆河分校的课堂面貌也随之焕然一新。教师的探索影响、引领和激励着学生的探索，课堂也因为探索而变得活泼、趣味无穷，变得开放、鲜活和魅力十足。

以语文学科课程体系为例，初一第一学期的语文课程有70%的国家课程，分为亲情、学习生活、四季、人生、科学和想象六大板块，以选修课《大数据时代之趣味语文》为拓展延伸课程，以参观博物馆的社会实践、一周新闻综述的电视节目以及文学社为载体的实践应用课程，这两类为选修内容。学习过程中学生收集自己的读书笔记和社会实践手册作为语文成长记录集，记录自己语文学习的点点轨迹和滴滴进步。除去学科课程，门类众多的选修课和社团，给学生们提供丰富的选择空间，拓展学科知识，发挥兴趣特长。学生们可以在图书馆、温馨书屋、班级读书角畅游中外名著世界，与伙伴们一起聆听先贤的教诲；他们一起奔赴宁夏文综研学实践基地去感受苍茫西北的独特景观；顺义生态农业实践基地、崔各庄地铁站、老人院等，都留下了八十中温榆河分校学生进行公益活动的身影。走出去、动起来，微笑期待未来的成长时光，他们在知行合一中真正体会到学习的价值，在大的教育生态环境中静待花开。

叶圣陶老先生说过，"教育是农业，不是工业"，教育是慢的艺术，这好比万物都有季节轮回不能背离。课程改革也是这样，稳扎稳打地做好配套措施才可以保障课程改革的成效。八十中温榆河分校的课程建设如此顺利最重要的原因是逐渐建立并完善起来的与课程顶层设计相配套的指导和监控机制。三年来温榆河分校建构起由校长、学科主任、中层干部、教师和学生组成的课程领导共同体，通过实施课程领导进行高品质课程建设。学校课程指导委员会、课程专家组、学科课程研究小组、学科年级备课组和任课教师等课程领导主体构成的学术组织管理体系为课程实施的顺利开展奠定了稳固的基础。综合学生、家长、专家意见，及时总结，阶段调整，温榆河分校的课程建设在摸索中渐入佳境，创造出一片崭新的教育风景。三年来，八十中温榆河分校在指导、监督课程实施中出台了《学校课程标准》《学校校本课程标准》《八十中实验学校温榆河分校语文课程建设草案》以及各学科鲜明清晰的学科课程建设方案等多项制度，全力护航学校的课程建设在顶层设计理念下的真正落地。

严以修身，率先垂范，课程建设改革的关键在于教师。八十中温榆河分校成功的课程改革源于在于校长的引领下，全体教师精诚合作和真诚分享，共同摩擦出素质教育的波澜和彼此的成长轨迹。八十中温榆河分校的教师队伍齐步向前，走向课程改革的最前沿，他们善于发现、唤醒、引导、等待，把真正发自内心的师爱阳光洒向每一个懵懂的孩子，让生命的阳光照彻教育的每一个角落。"正身育德、宽容大爱、严谨治教、恒学善研"，这就是八十中温榆河分校教师在新时期对自我发展的新要求。

如何促进不同层次教师的专业发展，实现教师发展目标，温榆河分校教学主任焦玉文老师向我们介绍了学校的经验。对于新入职教师，作为教师队伍中的新生力量，新入职教师充满着对教师职业的敬畏和向往，然而因缺乏教学经验，往往会无所适从。对于新教师群体，温榆河分校带领他们参加八十中本部组织的"新教师研修班"，接受通识培训，全方位修习教育理念与教师发展、教师教学基本技能、教师素养拓展、班主任工作方法及正确科学的教育理念、方法等基本内容；同时，新老师还可以向八十中最优秀的教师拜师学艺，不仅获得针对性的教学指导，还感受到导师的渊博学识和为人师表的人格魅力。八十中温榆河分校在不断学习和提升中实现教育改革的成功和教书育人的幸福。然而这种幸福却延绵身后，编织出另一个生命灿烂绽放的彩锦。优秀班主任、优秀青年教师、优秀选修课教师、教学基本功大赛一等奖、主题班会设计一等奖……这些金灿灿的奖杯上书写着新时期温榆河分校青年教师"严谨治教、恒学善研"的教育改革诗篇。

作为课程改革的中坚力量，骨干教师的专业发展也不容小觑。八十中温榆河分校成立了"青年骨干研修班"，为骨干教师搭建发展平台。研修班的导师由八十中本部骨干教师、学科带头人、特级教师组成，对温榆河分校的教学进行针对性指导。不仅如此，温榆河分校教师的脚步已经悄悄走出国门，走向世界。骨干教师们纷纷赴英国、美国、澳大利亚等国学习培训，投入这场全球教育改革浪潮之中。随着课改的不断深入，学校的科研氛围变得愈加浓厚。除此之外，温榆河分校依托八十中学优秀教师群体，紧抓师资质量，提高教师的课改意识和科研能力。2013年，学校从年级组办公模式转变为教研组、年级组双轨式办公管理模式，并与其他校区实现了学科组和年级组多角度多层次的一体式科研体系，每学科隔周集体备课半天，定期举办教学沙龙讲座，八十中温榆河分校的教师队伍已经迅速成长为课程与教学改革的强大力量，站在了课程改革的第一线。

碧波浩瀚，需清流不断。如今，八十中温榆河分校已经出版了《走向课程 教学领导》专著，作为课改先锋站在了全国学校教育改革的舞台上，2014年6月学校被评为"北京市课程建设先进单位"，2015年1月被评为"朝阳区素质教育示范校"。短短三年，八十中温榆河分校在课程改革碧波清浪中已然掀起了壮阔波澜。课程改革应该为每个学生的生命成长搭建平台，让每个学生都能体验到生命成长的快乐与精彩，为学生一生的幸福打下坚实的基础。而一所学校只有拥有了优秀的教师团队，才能实现教与学的转变，才能创造"风拂杨柳千丝碧，雨润桃花万点红"的教育春光。

灵动发展，流淌出生命之歌

教育如水，泽被每一个学生而不争高下，是"随风潜入夜，润物细无声"，也是"包罗万象，海纳百川"，至智至理，至情至义，至柔至刚，至性至美。教育就是要营造一汪沐浴灵魂的深潭，让生命变得澄澈而润泽。

品阅国家的教育大纲，通篇都直指教育的本质，直指生命的本质，关键是如何在每一个具体的教育环境中落实扎根。教育要通过课程设置，将生命的趣味与学生分享，爱生命，爱世界，是学生唤醒自己生命潜能最强大的动力。只有这样的爱，才能焕发出学生的生命本性，用自己最美好的状态，与这个世界呼应。八十中温榆河分校根据学校、学生的具体情况，打破学科间的壁垒，复原知识的立体关联的本质，用大课程观统领学校的课程建设。丰富多彩的课程，为学生的发展搭建了平台，每个人都能找到自己感兴趣的课程，正是这些课程的设置，让孩子们发现自己的天赋，发现自己的潜能，而每一个天赋，都帮助孩子建立了自己和这个世界的关联。孩子们通过认识世界，从而找到了适合自己的世界。看机器人大赛上，学生们专注地凝视着自己的劳动成果，眼神里满是渴望与热情；看国家大剧院的舞台上，孩子们全身心地投入在表演中，努力、幸福、热爱都化作悠扬的歌声飘荡在那金色的肆意飞扬的青春中。在八十中温榆河分校，近50门选修课程、18个学生社团为孩子们的个性发展提供了丰富的选择机会，学生们在自己喜爱的领域里成长与发展，让这些本属于他们成长的底色贯注内心，尽情享受生命绽放的精彩。

教育名著《帕夫雷什中学》中写道："为每一个人培养起善良、诚挚、同情心、助人精神以及对一切有生之物和美好事物的关切之情等品质，是学校教育基本的起码的目标，学校教育要由此入手。"学生优秀品德不是管出来的，德育实效也不是靠加强管理、加课时"重视"出来的。温榆河分校以大课程观来构建学校的课程体系，用课程统领学校育人的全过程。大课程观，也是大德育观。每一节课，每一次社团活动，每一次社会实践都是德育教育。让孩子通过社会实践、通过承担责任、通过在学校的学习和生活甚至通过挫折，从内心正反两方面去感受人性真善美带给人的幸福感，让这些品质得到阐发、表达、升华，最终成为价值观、人生观、世界观，成为印刻在学生们心中的信念。通过德育基础课程（主题班会、主题活动、走进大师、升旗仪式、劳动课程、生活课程、阅读课程等）、社区服务课程设计、社会实践课程设计、学生社团等实践应用类选修课程等领域相互交织出渗透于生活点滴的德育星空。

培养拥有独立自信的内在气质与端庄沉稳的外在举止的绅士和淑女，是温榆河分校核心的育人追求。于冬云校长认为，新世纪的绅士和淑女应该具备"礼、善、真、勤、品、毅"六大品格。这些价值观引导着学生营造积极的内心生活，建构丰富、光明的精神世界，引导着年轻的心灵对人生的意义和价值做深切的体悟，他们用心中的阳光唤醒、弘扬、提升人性深处对正义与光明的期待。这些阳光照亮着马南里社区空巢老人的心，照亮和平医院医护人员的心，照亮温榆河分校学生公益前行的每一个角落。分析心理学创始人、瑞士著名心理学家卡尔·荣格说："课程必须由一个个知识点构成；但对于成长中的植物和孩子的心灵来说，温暖才是最重要的。"走在教育的堤岸上，放慢欣赏的脚步，静待每一朵花开，做有温度的教育，因为不是槌的打击，而是水的载歌载舞，使鹅卵石臻于完美。

基础教育要带给学生希望、力量。带给学生内心的光明、人格的挺拔与伟岸，带给学生对于自我、对于生活、对于未来和对于整个人类的自信，以便使每一个学生都能成为现代社会的建设者和幸福人生的创造者。八十中温榆河分校的教育改革如泉眼无声，但细流常在；春雨如丝，而润物万千。如水的教育培养生命的柔美、坚毅、灵动，在波纹荡涤中延展出一首生命之歌。

一路艰辛，一路汗水，一路前行，一路收获。三年的时光走来，八十中温榆河分校人用激情和智慧不断探索教育改革，把课程建设从顶层设计到步步推进，这一路走得并不轻松。但当疲惫的眼睛看到幸福的笑脸，带给温榆河分校老师的是一种自信的从容。它使得教师通过教育情境真诚地聆听来自生命最本真的悸动和低语，使教育过程真正成为一个温暖而百感交集的精神之旅。在课程改革的道路上，温榆河分校用快乐和灵动、坚持和热情共享生命的成长！

成果四　八十中学温榆河分校接受多家媒体探访[*]

2019年6月11日，朝阳区教委统宣科携人民网、中国网、中国教育电视台、《中国教师报》、《北京青年报》、朝阳有线、《朝阳教育报》、《朝阳教育杂志》、《北京朝阳教育》等九家媒体走进八十中学温榆河分

---

[*] 是朝阳区教委推荐媒体探访活动，曾被北京市朝阳区政府门户网站报道。

校，深度感受校园文化的魅力。

走进北京市第八十中学温榆河分校，首先感受到的就是校内的宁静氛围与周边环境之间的巨大反差。一个个校园文化景观小巧精致，内涵丰富。学校里的每一面墙壁都能说话，每一处景观都能倾诉，他们润物无声，将文化内涵深植于师生的心中。

校长于冬云介绍，学校传承八十中学"一人一天地，一木一自然，让生命因教育而精彩"的办学思想，以"文化铸魂、课程立校"为办学策略，遵循"尊重为尚、信任为先、创造为力、发生为本"的核心价值观，努力将学校打造成"师生生命绽放的乐园"。在学校文化体系核心层的文化理念引领下，学校通过管理文化、育人文化、课程文化、教师文化等实施途径，使学校文化注入师生灵魂，凸显师生修为的提升。

在参观过程中，德育副校长解强与教学副校长焦玉文为到访客人重点介绍了学校的育人文化、课程文化和教师文化。

通过学生访谈，访客们聆听了具有"礼、善、真、勤、品、毅"六大品格的小小绅士、淑女们在生活、学习过程中的精彩故事，以及他们在刚刚闭幕的学校文化节上的出色表现。

中英双语1+1合作模式下的英语课堂、数学市级骨干教师的数学课堂以及丰富多彩的理综学科月实践课程，为访客们生动地呈现了三级立体分层课程结构支撑下的生命课堂。

"人人皆骨干"的英语组教学之星们，则为访客们展示了温榆河分校卓越教师队伍的风采。在学校支持和教师努力的双重作用下，温榆河分校正在形成自己独特的教师队伍文化。

通过实地参观和访谈，温榆河分校的育人文化、课程文化、教师文化，为各家媒体留下了非常深刻的印象。

在参观的最后，校长于冬云、书记邓珩和访客们近距离面对面交流，讲述了学校成立七年间的发展历程。温榆河分校在当地办学坎坷之路上的一个个真实故事，令访客动容不已，也为本次媒体探访活动画上了圆满的句号。

在未来的教育发展之路上，温榆河分校将继续深入贯彻全国教育大会精神，以学校高端发展、造福当地百姓为工作目标，深入落实立德树人根本任务，为加速推进学校建设持续投入不懈的努力。

图6-8 八十中学温榆河分校接受多家媒体探访

<<< 下篇 总结提升篇

图6-9 八十中学温榆河分校接受多家媒体探访

图6-10 八十中学温榆河分校接受多家媒体探访

图 6-11　八十中学温榆河分校接受多家媒体探访

成果五　北京市第八十中学温榆河分校一所师生生命绽放的乐园

《北京晚报》　王刚

2012年8月，在朝阳教委"城乡学校发展共同体"项目的大背景下，北京市第八十中学本着"承担社会责任，为教育均衡做贡献"的初衷，将原温榆河双语实验学校更名为北京市第八十中学温榆河分校并正式纳入八十教育集团。7年来，八十中学温榆河分校始终坚守八十中学"一人一天地，一木一自然，让生命因教育而精彩"的办学思想，以"文化铸魂、课程立校"为办学策略，坚持落实立德树人根本任务，努力创办一所师生生命绽放的乐园，将学校逐步打造成城乡一体化背景下的优质农村初中学校。

2012年，北京市第八十中学副校长于冬云带着八十中学的嘱托，

图6-12 育人文化：培养具备六大品格的现代绅士、淑女

肩负着教育均衡化发展的使命，来到温榆河分校出任校长。作为一所历经多次整合、基础设施落后、教育质量亟待提高的基础薄弱学校的校长，她的改造之路可想而知地艰难，但强烈的使命感和责任感让她坚持和坚守，已经是第八个年头。

于校长首先带领干部团队及全体教职员工，本着"品格第一，立足实际"的原则，制订了学校的育人目标，即培养具有"礼、善、真、勤、品、毅"六大品格的现代绅士、淑女。

学校提出的所谓"现代绅士、淑女"，具体而言就是指具有"独立自信的内在气质、端庄优雅的外在举止"的人。这一概念是对学校文化育人目标的高度凝练，是一种学校对现代及未来人才所具备的品格气质的概括。

据悉，学校通过制订初中三年育人计划及德育课程整体设计，在各类主题活动、德育基本功大赛、学校文化节等活动的推进下，学校的六品格培育取得了良好效果，学生精神面貌得到了极大改善，品格修养凸显，教育效果明显。

课程文化：基础整合、多元选择、个性自主

课程是一所学校教育的核心载体，课程供给的质量决定着一个学校核心竞争力的高低。从2006年起，于校长就作为八十中学高中部的教学干部，跟随田树林校长一起主持八十中学的课程改革。因此，八十温榆河分校还承担八十集团课程改革试验"尖刀班"的任务。

于校长带领干部团队首先进行学校课程建设的顶层设计，逐步确立学校"基础整合、多元选择、个性自主"的课程文化。此外，在学校成立之初，于校长就打造了"7+3"学科课程结构模式，即学科基础课程占学时70%，并拿出30%的学时进行学科选修课程、学科研究课程、学科活动课程的学习。其中，学科基础课程在完成国家课程标准内容的前提下，结合本校学生实际和育人目标进行单元课程整合。学科选修课程、学科研究课程、学科活动实践性课程设计，是为了满足学生对学科学习个性需要、培养学科核心素养而设计的。

2019年7月11日，朝阳区城乡一体化教育发展论坛在八十温榆河分校举行。正值学校第一届教育科研年会，学校师生向各级与会领导和教师代表展示了学校、教研组、课题组、教师个人在不同层面的7年课程改革探索与实践，让大家欣喜地看到温榆河分校教师学术研究、学术实践的专业能力提升。

教师文化：正身育德、宽容大爱、严谨执教、恒学善研

学校文化决定了学校的内在气质和前进方向，教师文化同样决定了教师的修为和发展方向。八十中学温榆河分校成立之初，将"正身育德、宽容大爱、严谨治教、恒学善研"作为教师自主专业发展的共同愿景，确定了"高端引领—激活自主—活动驱动—分层发展"的教师自主专业发展基本策略。

于校长介绍，"高端引领"是通过国内外专家及八十中学高端教师榜样力量引领教师发展。"激活自主"是关注教师职业幸福感，感受自身专业提升、学生成长、学校发展为教师带来发展的动力，不逼迫、不强制，激活内心深处的发展潜能。

"活动驱动"是通过基本功大赛、教育科研课题研究、读书分享、论坛交流等活动为教师成长搭建平台。"分层发展"是通过参与八十集团新教师研修班培养1—3年新教师；学校成立骨干教师研修班，培育一批学科骨干。通过分层设置培育目标，采取不同培训模式，带动教师成长。

据了解，2012年学校成立之初，校内只有3名区级优秀教师，而7年后的现在，学校已经拥有31名区级或区级以上优秀教师，超过一线教师人数的50%，教师自主专业发展成果凸显。

后　记

致力于"课程领导"的理论与实践研究，缘起2006—2012年我在北京市第八十中学（以下称"八十中学"）做校长助理兼教学主任、教学副校长时段。当时正值北京市高中新课程改革，作为北京市新一轮高中课程改革样板校，由我牵头任组长做《构建学校校本课程体系，提升教师专业化发展》的课题实践研究，并在课题研究与实践中期、结题阶段，分别在市级各类研讨会上作经验交流，八十中学校本课程体系建设基本框架基本确定。

2009年初，我随朝阳区部分干部到新加坡南洋理工大学国立教育学院攻读教育管理硕士，师从新加坡南华中学校长符传丰博士，硕士论文确定为《中新"课程领导"比较研究》，留学期间做了课程领导相关的大量文献研究，深入新加坡南华中学访谈校长、干部、教师，走进课堂，并以新加坡南华中学、北京第八十中学课程建设为例进行比较研究，硕士论文《中新"课程领导"比较研究》得到符传丰校长的耐心指导，取得了优异的成绩。

回国之后，我以新加坡南洋理工大学硕士毕业论文《中新"课程领导"比较研究》为蓝本，结合北京市高中新课程改革的一些思考和实践，出版个人专著《走向课程领导》。

2011—2012年期间，正值北京市进行新课程改革第二轮申报自主排课实验学校，八十中学在积极申报之列。在八十中学田树林校长的带领下，我又师从全国著名课程专家裴娣娜教授，在裴娣娜教授指导下建构八十中学三级立体分层课程结构，积极撰写八十中学自主排课方案，反复修改不下十余稿。2012年5月，经市教委专家组评审，八十中学被审批为北京市第二批自主排课实验学校，这对八十中学是里程碑事件。

2012年7月，在北京市教育均衡大背景下，依托朝阳区城乡教育发展共同体项目，八十中学承担社会责任，将朝阳区一所位于城乡接合部、以非京籍进城务工者子女为主（90%以上）、五年内由六所附近中小学合并、五年内换了五位校长的薄弱农村学校——"北京市温榆河双语实验学校"纳入八十集团，并将"北京市温榆河双语实验学校"分为初中和小学两所独立法人单位，由我接任初中并任校长，学校更名为北京市第八十中学实验学校温榆河分校（以下称八十温榆河分校），之所以校名有"实验学校"，田树林校长希望温榆河分校成为八十中学课程改革试验基地。2018年11月，随着八十集团的扩大，集团统一集团各分校命名，"北京市第八十中学实验学校温榆河分校"再次更名为"北京市第八十中学温榆河分校"。

2012年7月12日下午，田树林校长跟我谈话，说组织任命我做八十温榆河分校的校长。我当时应该是一种崩溃的状态，印象中好像哭了近一个月。因为自己清楚，我是抓教学业务的，没有能力去应对这么复杂的摊子，而且听说这个学校乱到每一个校长都待不长，会被气病住进医院，每个校长都不例外。拖到一个月，我发现我没有任何退路，交接完八十中学的各项工作后，2012年8月15日，我走马上任了。

来到温榆河分校，学校周边由地铁通往学校的那条荒芜的小路杂草丛生，遇到下雨满路是污水，师生无法下脚；校园里因两校拆分乱作一团；设备设施陈旧，堆满财产账而无法满足课程教学要求；师资专业化不足，连国家课程开足开全都无法保证，更不要提职称、学历、骨干教师比例；90%以上打工子弟家庭背景、家庭教育、学习习惯问题严重……我彻夜难眠，我在思考：与八十中学"一路之隔、天壤之别"的农村薄弱学校，如何传承八十中学文化而使这样一所农村薄弱校破茧重生？结合我追随八十中学田树林校长多年的经验，深深体会八十中学"一人一天地、一木一自然，让生命因教育而精彩"的生命教育观，结合我多年探索的"课程领导实践"，"文化铸魂、课程立校"的办学思路在我的脑海里逐渐清晰。

"学校文化和课程建设"作为温榆河发展的切入口和主线，对接了八十中精神与标准。八十温榆河分校课程建设顶层设计，是我作为校长领导力体现的第一项重要任务，其次就是分段设计实施路径，定期总结反思，逐步提升。七年来，八十温榆河分校三级立体分层课程结构、7+3学科课程体系建设、7+1每日课程实施结构、课程视域下的单元整合教学设计、温榆河四场域"生命课堂"，逐步深入每位教师心中。学校在2014年就成为北京市课程建设先进单位，2015年成为朝阳区素质教育示范校，2016年12月成功举办北京市中小学校长课程建设论坛，2017年《城乡教育发展共同体背景下农村学校课程建构与实施》获得朝阳区教育教学成果奖"提名奖"，2018年朝阳区新一届区级骨干评选31人次（2012年仅1名），大批京籍毕业生考入北大附中、清华附中、八十中学、潞河中学等名校。学校还同时还获得北京市中小学校章建设示范校、北京市中小学学校文化建设示范校、北京市三八红旗单位、朝阳区师德建设先进单位、朝阳区科技教育示范校、朝花艺术团承办校、朝阳区中考优秀校等荣誉称号以及北京市奥林匹克教育学校体育女足后备人才培养基地。学校成为促进教育均衡的城乡一体化建设示范学校，多次接受国家教育部、市区人大代表的调研、督导，受到广泛好评，也多次被《京华时报》、《北京晨报》、《中国教育报》、人民论坛、中央电视台、北京电视台、朝阳有线等多家新闻媒体报道。

2019年上半年，学校筹备"八十温榆河分校第一届教育科研年会"，将学校、教研组、课题组、教师、班主任等在七年来课程改革的点滴做法进行梳理，共收集全校16项成果、12个学科的课程建设方案。

2019年7月11日，由朝阳教委、教研中心、崔各庄学区主办的朝阳区城乡一体化学校发展论坛在八十温榆河分校举行，除了校长做了《实施课程领导 促学校内涵发展》主题演讲之外，学校老师还分享了5节学科间整合课、4个场次的学科建设、学科教学模式工作坊，为来自全市、全区近百名干部、教师做了展示，收获了很多赞誉。

岁月更迭，天地为证！从2012年8月至2019年7月，整整七年光阴，学校发生了翻天覆地的变化，这真的得益于各级领导的关怀与鼓励，得益于八十中学田树林校长及广大教师的帮助与支持，得益于全体温榆河人的勤勉与智慧。今天，在温榆河，虽然周边环境依然，虽然我们依旧像一座"孤岛"，但是这里已然呈现出一种生机勃勃、鸟语花香的教育生态，那种色彩，是教育的色彩，是灵魂的色彩，是生命绽放的色彩，我喜欢这绚丽的色彩！

这本书，依然起名《走向课程领导》，与第一本专著不同，我想通过此书传递三个关键词。一是"课程觉醒"。课程觉醒是课程领导的前置条件。没有课程意识的觉醒，就没有教育观念的转变，也就没有这七年来在城乡教育共同体背景下，通过"课程领导"转变一所农村薄弱学校使之内涵发展的艰辛历程与无怨坚守。二是"课程效度"。课程是学校育人的核心载体，是学校办学追求的直观体现，师生能够享受到的课程质量在多大程度上能与学校的教育追求相吻合，是课程领导需要关注的核心要义。三是"课程增量"。通过课程的提升实现学校的提升，本身是一条可持续发展之路，课程领导之本意就在于体现课程带给学生、教师、学校的价值增量。我们衷心希望留下并分享老师们通过"课程领导"这个平台而实现专业提升的印记，希望能够给同行们一些启示、一些思考。书中难免会有疏漏和不足之处，还望各位同仁批评指正，我相信，有了您的关注与指导，我们脚下的路会越走越宽广，越走越坚实！

于冬云

2019.10